QINGSHANGGAO JIUSHI HUIBIAODA

情商高就是会表达

赵建房◎著

SPM
南方出版传媒
广东经济出版社
·广州·

图书在版编目（CIP）数据

情商高就是会表达 / 赵建房著. —广州：广东经济出版社，2018.4

ISBN 978-7-5454-6113-8

Ⅰ.①情… Ⅱ.①赵… Ⅲ.①语言艺术-通俗读物 Ⅳ.①H019-49

中国版本图书馆 CIP 数据核字（2018）第 042465 号

出 版 人：姚丹林
责任编辑：蒋先润
责任技编：许伟斌

出版发行	广东经济出版社（广州市环市东路水荫路 11 号 11～12 楼）
经销	全国新华书店
印刷	广东新华印刷有限公司
	（广东省佛山市南海区盐步河东中心路）
开本	730 毫米×1020 毫米 1/16
印张	14.75
字数	241 000 字
版次	2018 年 4 月第 1 版
印次	2018 年 4 月第 1 次
印数	1～5000
书号	ISBN 978-7-5454-6113-8
定价	42.00 元

如发现印装质量问题，影响阅读，请与承印厂联系调换。
发行部地址：广州市环市东路水荫路 11 号 11 楼
电话：37601950 邮政编码：510075
邮购地址：广州市环市东路水荫路 11 号 11 楼
电话：（020）37601980 营销网址：**http://www.gebook.com**
广东经济出版社新浪官方微博：**http://e.weibo.com/gebook**
广东经济出版社常年法律顾问：何剑桥律师

情商高需要会表达

著名演员刘德华曾说，在台湾170厘米以下的女人，贾静雯最美，而170厘米以上的女人，林志玲最好看。林志玲一直被冠以“台湾第一美女”称号，不仅有天使般的面孔和魔鬼般的身材，还有阳光的性格。更是因为情商高、会说话、会做人，被广大粉丝喜爱。

一次，有位记者问林志玲：“孙红雷以前说过不会和你这样的花瓶演戏，现在却还是和你合作了，你有什么感想?”

林志玲笑着说：“我只会相信雷大哥亲口对我说的，我没听说过的，我不会相信。再说，如果雷哥真的有说过这样的话，他现在与我合作，不就是最好的证明吗？说明我的努力是有回报的。”

面对记者带有攻击性和挑拨性的提问，林志玲的回答堪称滴水不漏。

在生活中，你是否也遇到过这样的人：周围的人都觉得和他们相处很舒服，任何矛盾和问题在他们那里都能迎刃而解。你可以说这类人“对局面有掌控，对未来有预留，对他人有宽容，对自己有约束”，但我却认为他们就是大家常说的“高情商人群”。

情商高不是油嘴滑舌，不是世故圆滑，不是虚与委蛇，而是说话让人听着舒服。我国著名演员黄渤就是这样的人。

在娱乐圈，黄渤有着“新喜剧第一人”的称号，还经常被人们说成是“扛过了葛优的大旗”。这对于出道和成名时间都比葛优晚得多的黄渤来说，无疑是一个很高的评价。可是，偏偏就有记者针对这个问黄渤：“有人说你会取代葛优，对于这个说法你怎么看?”

黄渤几乎想都没想，就开口答道：“这个时代不会阻止你自己闪耀，但你也覆盖不了任何人的光辉，因为人家曾是开天辟地创时代的电影人。在中国电影那样的时候，人家付出自己的努力，把中国的电影市场开拓到一定地步，以及在之前那么不好的市场情况下，做出了那么多的创举，这需要能力、魄力、勇气、智慧，等等。我们只是继续前行的一些晚辈，对这个不敢造次。”

这个回答娓娓道来，得体得令人佩服，就连提问的记者都忍不住说“黄渤的情商无人能及”“黄渤太会说话了”。我相信，当葛优听到黄渤的这个回答时，也会对这个晚辈另眼相看。

做客《鲁豫有约》时，鲁豫问黄渤：“现在觉得自己特别火了吧?”

对于这个问题，回答“是”或“不是”都不太妥当。如果说是，难免有自夸之嫌；如果说不是，又显得过于谦虚。可黄渤却回答得很巧妙：“那肯定是火，你想想，都能坐在这儿和鲁豫聊天了。”

看似很随意的回答，却把《鲁豫有约》这个节目、鲁豫和自己都夸了。这滴水不漏的回话，充分体现了黄渤超高的情商。

所谓的“情商高”，其实就是会说话、会表达。情商高的人，给人的印象是懂礼貌，有人情味，不咄咄逼人，不会显得刻薄。情商高的人，不会掺和是非，不会在背后道人长短。而是尊重事实，点到即止。

情商高的人，赞美别人时不会曲意逢迎，过分地给人“戴高帽”，而是发自内心地夸赞。情商高的人，批评他人时不会单刀直入、简单粗暴、用词苛刻，而会先抑后扬、委婉点拨、入情入理，让人如沐春风，能够舒服地接受。

情商高的人，与人发生矛盾时，不会言辞激烈地争吵，而会选择温和的言语让彼此心平气和。即使被人误解了，他们也不会用尖酸刻薄的话语愤怒地回应，而会选择适当沉默，另择时机沟通。

也许有人会说，情商高的人太圆滑、太虚伪，对谁都言不由衷。可是我觉得，真正的情商高，不是圆滑，不是虚伪，而是真诚、宽厚、温暖，他们懂得悲悯，懂得体谅，懂得换位思考。这一切的本质是，他们心中有他人，所以他们说话时在乎他人的感受。

如果说智商决定了一个人的下限，那么情商决定了他的上限。一个人说话让人舒服的程度，决定了他所能抵达的高度。对于平凡的我们来说，即使不为了事业成功，不为了金钱财富，单单为了让自己快乐，为了让身边的人也快乐，提高情商，学会说话，学会表达也是值得的。

CONTENTS / 目 / 录 /

第 5 章

第 6 章

第 7 章

第1章

精确的语言模式：言必有中，言出必准

把话说好，是一门艺术，关键在于言必有中，言出必准。即对谁说，对象要精确；什么时候说，时机要精确；在什么情境说，场合要精确；说什么以及怎么说，用词要精确。

见什么人说什么话

俗话说："见人说人话，见鬼说鬼话。"说话看对象，就等于射击前先瞄准，才能做到有的放矢、精确表达。

真正会沟通、擅表达的人，并不一定时刻都表现得健谈，而是能认清自己的说话对象，根据不同的对象来巧妙、精确地表达自己。这样的人跟谁都聊得来，聊得愉快，大都属于人见人爱型。

1. 文化程度不同

文化程度往往影响着一个人的理解能力。一般来说，与文化程度高的人说话，要尽可能表达得专业。比如，遇到注重产品包装、品质的顾客时，你就要以专业的介绍来打动他。

与文化程度较低的人沟通，则要尽可能表达得通俗易懂。比如，有个守门员生病了，教练找了个穷人来代替。他说："这个球网很贵，如果你让球碰到了网，把网弄脏了或是弄破了，我就扣你的工资。"

2. 脾气秉性不同

不同的人有不同的脾气秉性，相对应地要用最适合的表达方式与之交流。

(1) 固执己见型

特点：观念陈腐、思想老套，不爱接受他人的建议和意见，刚愎自用，自以为是。

表达方式：不要企图用你的三寸不烂之舌说服他。正确的做法是，把他工作和生活中某些错误的做法逐一扩大列举出来，再结合当下需要解决的问题，提醒他可能会产生什么严重后果。比如，“上次我劝你别投资那个项目，你不听我的，后来赔了吧！还有那次买卖，你也是不听别人劝，结果呢？这次你如果按自己的想法去做，可能会（后果）……”如果他内心的想法开始动摇，你再动之以情，晓之以理。如果他不认同，你也不要与他争辩。

（2）傲慢无礼型

特点：以自我为中心，经常摆出一副盛气凌人、唯我独尊的架势，没有自知之明。

表达方式：和这种人交谈，你只需长话短说，把需要交代清楚就行。如果是求他办事，那适当地迎合和吹捧还是有必要的。

（3）毫无表情型

特点：面无表情，就算你很热情地跟他打招呼，他也会喜怒不形于色。

表达方式：没有表情不代表没有喜怒哀乐，只不过没有表露出来而已。与这种人交谈，你只需把你想说的说完，没有必要在意他的表情。

（4）沉默寡言型

特点：性格内向，不善言辞，但并不代表他们没有话说。

表达方式：与这种人交谈，你需要放慢说话的节奏，多谈及他擅长的或感兴趣的事，这样他会马上来了兴致，积极和你聊起来。

（5）冲动草率型

特点：感情用事，遇事容易冲动。

表达方式：与这种人交谈，要根据具体事情来选择表达方式。如果你向他推销产品，那么应趁热打铁，赞美他的眼光，促使客户尽快购买。比如，“真有眼光，这款产品最适合你了。”如果你想劝说他放弃某个不利的决定，可以给他泼冷水，促使他清醒。

3. 年龄差异

和年长者交谈，应保持谦虚的态度。年长者在教育后辈时，经常说：“我走过的桥比你走过的路还多。”这句话是有道理的，他们经历的事情比你多、人生阅历比你丰富。在与他交谈时保持谦恭的态度，更容易赢得对方的好感，也便于从对方身上学到更多的东西。尤其是对方是你的顾客时，你更应该如此，让其充分感受到你对他的尊重，才可能达到营销目的。以问年龄为例，问年长者年龄，你可以说："您高寿?""您高龄?"

和年轻人交谈，你只需表现出你的沉稳，说你该说的，同时表现出你的坦诚、亲切。观点不同时，也不要与之争辩。以问年龄为例，问年轻人的年龄，你可以说："你多大了?""哪年出生的?"

4. **处事方式不同**

若对方处事大方、为人粗犷，喜欢听耿直、爽快的话，那么你最好知无不言、言无不尽，对善恶、美丑表现出明确的态度；若对方办事严谨、为人诚实，喜欢听稳重的话，你就要有一说一、有二说二，切莫巧舌如簧、高谈阔论。

总之，与不同的对象谈话，要采用不同的表达方式，确保精确表达。

选对场合说对话

俗话说："到什么山唱什么歌。"说的是讲话要看场合、看环境，把握话题和语言的针对性，不能信口开河，想说什么就说什么。

英国女王维多利亚是一国之君，整天忙于公务和应酬，而丈夫阿尔伯特喜欢居家生活，不太关心政治，但这并未影响两人的感情。一天，维多利亚忙完公务已经是深夜了，她回来时见房门紧闭，就敲门。

丈夫问："谁?"

女王答："我是女王。"

门未开，再敲。

丈夫问："谁?"

女王答："维多利亚。"

门未开，再敲。

丈夫问："谁?"

女王答："你的妻子。"

门开了。

为什么女王前两次敲门，丈夫不给她开门呢？因为回到家里，场合变了，女王不再是女王，而是一位妻子。在宫廷上，女王对王公贵族说话是一种情形，回到家里对丈夫说话应该是另一种情形，这就叫看场合说话。

想成为交际高手，就要选对场合说对话。在不同场合，根据具体情况来选择说什么话，以及用什么方式说话。要谨记，说出的话就如泼出去的水，想要再收回是不可能的事情。所以，说话前要环顾四周，看你处于什么场合，然后三思，想想怎样组织语言，确保你的话匹配场合，切不可与场合相违背。

比如，在饭桌上谈美味佳肴，在寿宴上说寿星身体硬朗，在婚礼上谈郎才女貌，这就叫话与场合匹配。反之，在相应的场合不谈对应的话题，就叫话与场合不匹配。比如，在寿宴上劝寿星买人寿保险；在产房里对待产的孕妇说养孩子没有什么好处，孩子将来翅膀长硬了就飞了；在婚礼上对新郎新娘说："菜很好吃，下回别忘了再请我。"这些话与所处的场合很不相称，听起来很不吉利，很刺耳，让人很不舒服。

沟通中，有些人说话不看场合，让人尴尬不已。我们不妨来看个实例：

一天中午，两个熟人在洗手间门口碰面，甲从里面出来，乙从外面进去。见面后，两人热情地打招呼。

乙问甲："吃了吗？"

甲说："刚吃过了，你呢？"

乙说："还没有呢，正准备去吃。"

对话很简短，传达的信息却很有歧义，在洗手间谈"吃"，怎么听都觉得恶心。但对话的两人，却丝毫不觉得，一个一脸轻松地往外走，一个笑容满面地往里跑。当然，熟人之间不计较这些，若是与客户这样说话，结局可能就大不一样了。所以，在什么场合可以说什么，不该说什么，需要我们用心去体会，去总结。

一般来说，说话的场合有以下几种常见的区分：

1. 自己人场合和外人场合

中国传统文化一向注重内外有别，对自己人"关起门来说话"，可以无话不谈，甚至可以说些放肆的话，彼此不会太计较。而对外人则"怀有戒心"，

逢人只说三分话，不可全抛一片心。因此，如果在自己人场合怀着戒心说话，会让人觉得你不坦诚；如果在外人场合乱说话，则往往祸从口出。

在一次宴会上，有位先生向邻桌的人讲起某校校长的秘密，话里话外对校长的行为满是冷嘲热讽，甚至大声说了一堆人身攻击的话。等那位先生说完，酒桌上的一位太太问他："先生，你认识我吗？"

"还没有请教贵姓。"先生回答道。

"我正是你说的那位校长的妻子。"

顿时，那位先生满脸通红，场面非常尴尬。

那位太太是个有教养的人，她没有当面指责那位先生。对比之下，那位先生则显得很没有教养，他在外人场合说了一些不该说的话，既给别人的声誉造成了负面影响，也严重影响了自己的形象。因此要特别注意，不能把两种场合混为一谈。为此，要做到：

（1）搞清楚交际场合所有的人与你的亲疏关系，是亲戚、熟人、好朋友，还是同事、客户、陌生人。没有搞清楚前，要小心说话。

（2）即使在自己人场合，也不要背后说人长短，小心传出去，影响你的人际关系。

2. 正式场合与非正式场合

在正式场合说话应该严肃认真，事先要有所准备，不能乱扯一气；在非正式场合则随意很多，要像聊家常一样，便于感情交流。有些人说话文绉绉，有些人讲话俗不可耐，就是因为没有把握正式场合与非正式场合的区别。

有位湘籍的著名歌星到长沙做嘉宾，节目中她手持话筒，朗声说道："那次在中央电视台举行青年歌手大奖赛，我给'娘屋里'的参赛选手打了最高分，下次'娘屋里'的伢子到北京参赛，我还要给他们打最高分。"

如果是在非正式场合，比如，私下里对“娘屋里”的人说这番话，那是人之常情，可在节目上说这番话，就非常不合适。因为如此偏向“娘屋里”的人，有失大奖赛评分的公正性。因此，要特别注意，不能把正式场合与非正式场合混为一谈，为此要做到：

（1）在正式场合要注意说话的质量，切勿因不当说话损害你的品格和形象。比如，不在正式场合道人是非。

（2）在非正式场合说话可以随意一些，开些无伤大雅的玩笑也无妨，但不可恶意攻击他人，让人难堪。

3．庄重场合与随意场合

“我是特地来看你的”和“我是顺便来看你的”，虽然都是看望，但表达的意思却不同。在庄重场合对别人说：“我是特地来看你的！”显得很有心、很有诚意，让人感受很受尊重。如果在随意场合这么说，则有些小题大做，还会让人徒增心理压力。反之，在庄重的场合对别人说：“我是顺便来看你的。”就有不重视、不尊重对方的感觉，甚至会被认为是一种羞辱。因此，要注意区分这两种场合，为此要做到：

（1）在庄重场合就要给别人面子，话里话外要两面光，因为你的话不只是说给对方听的，还是说给周围人听的。这不仅会影响你与对方的关系，还会影响周围人对你的看法。所以，措辞要精确，切不可随意。比如，“特地”就比“顺便”好。

（2）在随意场合说话要实在，没有必要太客气，否则，会让人觉得你做作、虚情假意，反而不利于精确地表达你的意思，不利于人际关系的维护。

智者选择时机，蠢人不择时机

说话是一门选择时机的艺术，什么时候该说，什么时候不该说，是很有讲究的。有些人天生性子急，有话憋不住，总是不假思索地脱口而出，却发现说的时机不对，达不到想要的表达效果；有些人天生寡言少语，还偏偏信奉“沉默是金” “言多必失”，该说话的时候不说话，结果白白错失许多机会。

事实上，一味地沉默不是金，言多也未必就会“失言”。会说话、擅表达的人，即使说得再多，也是字字珠玑，只说要点；不会说话、不善表达的人，即便很少说话，也可能一开口就伤人。而这两者的差别就在于对说话时机的把握。

孔子在《论语·季氏》里说：“言未及之而言谓之躁，言及之而不言谓之隐，不见颜色而言谓之瞽。”意思是，在还没有轮到你说话的时候你抢先说话，这叫急躁；轮到你说了，你却不说，这叫隐瞒；说话时不察言观色，这叫瞎子。

第一个叫急躁、爱出风头，与人交谈没有耐心倾听。在与公司领导、客户说话时，往往会失去领导对你的好感，失去有可能成交的生意。

第二个叫阴险、做作，因为该说话的时候不说，给人很阴险、很做作的感觉，很容易让你失去朋友。

第三个叫不长眼睛，说话不看别人的反应，只顾自己说得痛快，得罪人了还不知道。在接待宾客、洽谈业务时，很容易惹怒别人。

一般来说，说话看时机要注意以下几点：

1. 换位思考——思考别人所处的境况

在什么时候该说什么话，我认为不是什么难事，只要你在说话前多一些换位思考，就能很好地避免说话时机不当造成的尴尬。

法国有一位女性，被誉为最有魅力的女人，不管谁见到她，都会被她的魅力和涵养打动，从而喜欢她。实际上，她只不过说话善于把握时机，总能让人感到愉悦。如果你和她见面，她会很惊喜地说："您终于来了，太好了！"言语中，对你的到来满是喜悦和欢迎，让你感觉备受尊重。在你道别的时候，她会送你到门外，言语中依依不舍地说："您怎么就要走了，我们什么时候再能见面？"这样的话谁不喜欢听呢？

那么，怎样换位思考，才能搞清楚别人想听什么话呢？

（1）用"如果我是他"向自己提问：如果我是他，我现在愿意聊×××吗？如果我是他，他现在想聊×××呢？按照这个思路去想，你就能想到别人需要什么。比如，别人心情不好，那你就不能跟他聊你的开心事，而是给他安慰；别人刚撞大运，你最好别跟他聊你的悲惨经历，而是向他祝贺，陪他感受快乐。

（2）换位思考的时候，要结合特定的场合、交谈对象的具体情况。比如，在喜庆的场合，通过换位思考，你就会明白丧气的、不吉利的话不能说；与自尊心强、脾气暴躁的人交往，通过换位思考，你就会明白，当着众人的面，不能公然驳斥、直言批评他。选择私下里说，效果会更好。

2. 察言观色——观察他人的面部表情和身体语言

很多人说话不看对方面部表情和身体语言的变化，高兴说什么就说什么，完全不去理会别人的感受。如此漠视别人存在的说话方式，不仅容易得罪人，而且无法发挥言语上的影响力。

有一次我和家人去度假，到达目的地后，我们来到预定的酒店。刚踏进酒店，一位店员就热情地迎上来，为我们办理入住登记，帮我们推行李。这种贴心的服务对于长途跋涉的我们是一个不小的惊喜。

随后，店员带我们走进房间，还为我们倒了两杯茶，说："这是上好的龙井，从外地精选而来，请尝一尝，味道很不错的。"接着，她开始为我们一一介绍房间的设备，我说："知道了！"但她还没有什么反应，仍然继续介绍着。

虽然我感到不耐烦了，但还是很绅士地对她说："我们很累了，需要休息，不用介绍了！"对方听我这么说，抱歉地说："对不起，如果您有事就叫我，我先告退。"

你是否遇到过这样热情的服务人员呢？他们口齿伶俐，总是面带微笑，但就是眼力劲不行，说话不看时机，不察言观色，往往给人热情过头的印象。因此，说话察言观色，灵活地调整自己的语言表达。

（1）眼睛看着对方，用你的眼神与对方交流，对方的面部表情是轻松愉悦，还是沉闷阴暗，你可以很明显地觉察到。前者说明你的话题对方感兴趣，后者则说明对方不想听你说的内容，那你就要适时改变，或干脆停下来，听听对方怎么说。

（2）注意观察对方的身体语言，比如，对方双手抱于胸前，表明处于防卫状态，你最好说些轻松愉快的话题，让对方放松下来；对方左顾右盼，甚至边听你说话，边玩弄手机，好像心不在焉，说明他对你说的不感兴趣；对方起身往门口走，说明他有离开之意，这时你就要果断终止谈话，切勿喋喋不休。

3. 顺水推舟——先聊点别的为正题做铺垫

最佳的说话时机有时候需要你去主动寻找，有时候则是你无意间可以发现的。比如，你想求人办事，但不知道如何开口，对方或第三者突然说到这件事，那么你就可以把握机会，参与到交谈中来，当大家聊得开心时，你再适时提出请求，这样就避免了求人时的唐突。

裕容龄被称为中国第一位现代舞拓荒者，她年轻时随外交官父母迁居巴黎。由于受旧礼俗困囿，她一直将自己学舞蹈的愿望压抑在心里，不敢向父母说。

一次，一位日本公使夫人来家里做客，顺便问其母："你家小姐怎不学跳舞呢？我们日本女孩都要学的。"裕母不好意思拒绝，顺水推舟道："往后让她学吧！"

裕容龄知道机会来了，马上说："好母亲，我今后就学日本舞跳给你看，好吗？"说罢就换上了舞装，高兴地跳起《鹤龟舞》。公使夫人赞不绝口，母亲也只好同意她学舞蹈。

在这里，裕容龄进言的成功，关键在于她抓住了公使夫人为她创造的说话时机，达成了目的。

4．画龙点睛——把话说到点子上

说话要选对时机，选对了时机，三言两语，就能一语惊人。换言之，抓住时机说话，关键要说到点子上，切勿啰啰唆唆，让人不知所云。这要求我们做到：

（1）说话前有所准备，把你要说的话提炼出一二三点。

（2）一旦机会成熟，果断地把握机会，简单明了地陈述你的要点。

知道说什么，还要知道怎么说

有位肥胖的妇人走进一家服装店，店员对她说："大姐，你太胖了，我们这里没有你穿的衣服。"妇人刚想反驳，店员又加了一句："其实年纪大了还是胖一点好，显得富态！"妇人听了这话，差点没有气晕过去。

知道说什么，就按自己的想法说了，这叫直来直去。说话直来直去的人经常解释说："我没有恶意！"但实际上已经把别人弄得下不来台，把人伤得体无完肤。你怪他吧，他说自己是无意的；你不怪他吧，他又不长记性，屡次让你恼火。所以，知道说什么——要说的内容，还要知道怎么说——表达的方式方法。

关于表达的方式方法，有一段很经典的话（见图1）：

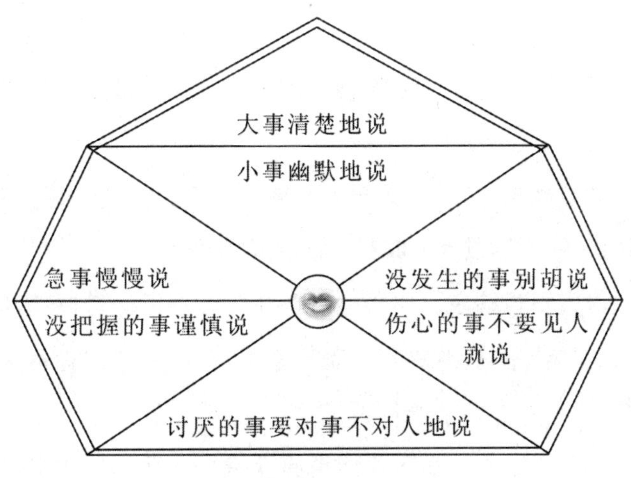

图1　不同的事对应的表达方式

在职场交往或商场交际中，经常会碰到这样的情况。下面，我们就针对这些情况，介绍实用的精确表达方法。

1. 传递坏消息：措辞委婉，神情淡定

当公司出现不良状况，当你的工作出现危机时，在向上司传递坏消息时，切勿神情慌张，手足无措：“经理，公司的产品被质监局查出问题了，现在已经被查扣了，怎么办啊?”“那位张老板是个骗子，把咱们的货骗走了，现在电话也打不通，还关机!”如果你这样传递坏消息，就算危机不是你造成的，也会让上司怀疑你的危机处理能力，很容易引发公司内部的惶恐。你可以这样做：

（1）以常态的步伐敲开上司的办公室门，切勿急匆匆地闯入上司的办公室。如果上司在开会或见重要的客户，可视坏消息的严重性决定是否立即上报。可以的话，等上司办完事再向其汇报。

（2）措辞要委婉，语速要从容，而不要急切地表达，表现得很慌张。比如，“我们的产品出了一些状况!”“我们的客户似乎有点问题!”这样上司就容易接受得多，也不会引起大家的恐慌。

2. 请同事帮忙：态度诚恳，略戴高帽

请同事帮忙是一门技术活，既不能低三下四，也不能趾高气扬。最难让人拒绝的策略是，态度诚恳，略戴高帽，充分肯定对方的能力和资源优势。你可以这样做：

（1）用一两句话清楚地说明你遇到的麻烦，这要求简洁地表达，一定要讲重点。

（2）给对方戴高帽：“处理这样的事是你最擅长，这件事没有你帮忙真不行。”说这话的时候，用诚恳的眼神注视着对方。

（3）如果对方不肯答应，不管是出于什么理由，你可以继续表现你的诚意：“真的，我很需要你，这件事没有你真不行!”继续用你恳求的眼神看着他，等待他答应。

（4）如果他还拒绝你，那可能他真的没有办法帮你，或者他真的不想帮

你，这时你应该大度地微笑，说：“好吧，那真的很遗憾，打扰你了，我再想想办法。”然后绅士地离开。

3. **委派工作时：寄予希望，给予鼓励**

如果你是领导，肯定会经常会给下属委派工作。虽然你在职位上比下属高一等，但在人格上大家是平等的。因此，切勿用命令的口气委派工作、传达指令，因为命令式的语言会给人不尊重、受歧视的感觉。比如，“你必须在今天完成这项任务！”会让下属反感，会削弱下属的积极性，对下属执行任务产生不良的影响。你可以这样做：

（1）简单地向下属说明工作要求，包括要把工作做到什么标准，什么时间开始，什么时间完成等等。

（2）明确告诉下属：“依我对你的了解，我相信你能在一天之内出色地完成这项任务，加油吧！如果执行中遇到麻烦，随时来找我。”这种表达方式的效果是十分显著的，它不但不会降低你的权威感，反而会提升你的领袖魅力，也会激励下属努力完成任务。

4. **作自我介绍：信息适量，控制时间**

人在职场，面试时会被要求作自我介绍，或者代表公司接待客户，也需要向客户作自我介绍。一个好的自我介绍能给别人留下良好的第一印象，增加你被录用的可能性，提升你以及公司在客户心中的形象。

（1）控制语气、语调。语气即说话的口气，语调即说话的腔调，主要指声音高低轻重的变化。作自我介绍时，最好用陈述语气，例如，“我叫×××，我毕业于×年×月，是××大学的毕业生，拥有什么学历。”“我曾发表过××文章。”在语调上，最好用轻松而平和的语调，给人一种自然、谦虚的感觉，而少用高亢、激昂、抑扬顿挫的语调，以免给人做作、高傲的印象。

（2）适当提供信息。在自我介绍时，该说的要说得充分，不该说的不要说。尤其在面试中，自我介绍应根据面试官的要求来进行，不可跑题。而在与客户见面时，自我介绍就相对简单一些，你可以自由决定向客户介绍自己的哪些信息。

（3）掌握好时间，切勿滔滔不绝，一发不可收拾。自我介绍是为了让别人对你有个大概的了解，要有一个时间限制，切勿把时间拖得太长。否则，很容易让人觉得你在借机表现自己，而引起反感。为此，你要注意自我介绍的逻辑，要做到条理清晰，重点突出，避免面面俱到。

5. 回答复杂的问题：见机行事，灵活应对

面对别人提出的问题，你应结合具体问题，灵活应对，灵活应答，避免不经思考地回答，让自己陷入被动境地。

（1）当你不知道问题的答案，或一时难以回答时，你可以巧妙地回避："这个问题比较复杂，给我时间考虑一下，明天给你答复好吗？"记住，既然说了明天答复，就要守信，切勿放人鸽子。

（2）面对令你反感的问题时，你可以采取反问式回答。比如，竞争对手问你："你们公司什么时候推出营销活动？"你马上反问："谁说我们公司要搞营销活动？"

（3）面对对你不利的问题，你可以答非所问，避其锋芒。比如，客户说："你们的产品价格有点贵啊！同行产品便宜很多！"你可以说："我们的产品引进的是德国先进的技术，无论是内涵还是外表颜值，都是无人可比的。"这样既能突出你们产品的优势，又避免客户揪着你们产品价格上的劣势不放。

总之，传达同样的观点，用不同的表达方式，效果就会大相径庭。

不能说的不说，做不到的不说

口能吐莲花，也能出恶语，关键看你怎么说。

国画大师张大千有一次因为说错话，差点落得杀身之祸。当时他应邀前往一位军阀家里做客，在这前他就听说这位军阀养了一只名犬。张大千也是爱犬之人，一见到军阀，他就兴奋地说："我早就想到您家来拜望了！"

军阀以为张大千心仪自己，得意地点头："不客气！"

没有想到张大千话锋一转，说："我是为了来看你这只狗！"

事后张大千说，当他讲完这句话后，心马上凉了半截，匆匆忙忙退出来，直摸自己的脖子："幸亏大帅当天心情好，否则脑袋就搬家了！"

用嘴伤人令人恼怒，尽管你是无心之言，但给人的伤害已经酿成，话已经出口，怎么能收回呢？所以，聪明的人在说话前，要想清楚什么话不能说。

比如，朋友对钓鱼很感兴趣，即使你不喜欢钓鱼，也不必说："真是闲得没有事干，钓什么鱼啊！"聪明的话，不妨这样说："钓鱼好啊，既能亲近大自然，又能健身，是很好的休闲运动。"朋友听你这样说，自然会高兴。

再比如，同事请你帮忙办事，你本来工作很忙，抽不出时间，但碍于情面，你却对同事说："放心吧，交给我了，一定帮你办好！"结果，你还是没抽出时间，把同事交代的事情拖延了、搞砸了，让同事陷入被动。

在职场工作或商场交际中，不能说的话不说，做不到的不要说，是很重要的两条说话原则。通常来说，以下几种话最好不要说。

1. **涉及主观意识的话不说**

“在商言商”，在职场上应该说职场的事，最好不要和同事、客户说一些八卦话题，尤其是涉及个人主观意识、价值追求方面的话。即便谈也要对对方多一点认同和欣赏，而不要公然批判，以和为贵才是聪明之举。

2. **涉及隐私的话题不说**

与同事、客户交往，不是为了了解对方的隐私，更不是把自己的隐私作为谈资。大谈隐私是很多职场人士常犯的错误。别天真地以为谈论自己的隐私，能表现出对他人的信任和坦诚，能拉近与对方的距离。你要想到的是：听完你的隐私，别人会怎么看你；更何况，谈隐私也会带来很多风险。所以，涉及隐私的话题不说为妙。

3. **质疑性的话题不说**

在与同事或客户谈话时，诸如“你懂吗”“你明白吗”“你知道吗”“你明白我的意思吗”之类带有质疑语气的话不要说，因为这些话一出口，会让人觉得你高高在上、好为人师，让别人感觉得不到最起码的尊重，很容易引起别人的反感，这是人际表达的一大忌讳。

如果你担心对方不太明白你的意思，你可以用试探性的口吻去了解对方：“有没有需要我再详细说明的地方？”这样说，别人更容易接受。

4. **不雅之言不说**

大多数人都希望和有教养、文明的人相处，不愿意和那些爆粗口、说脏话的人交往。在职场中，我们最好不要说那些不雅之言，无论是对同事、下属，还是对客户，不雅之言都会影响我们的形象，带来不良的影响。比如，寿险推销员和客户谈话时，最好回避“死亡”“没有命了”“完蛋了”“出门不再回来”之类的词语。客户不爱听不吉利的话，如果销售员在表达中说了这样的话，自身形象也会大打折扣，会给成交造成负面影响。

5. **夸大之词不说**

无论是夸大你个人能力，还是夸大产品功能与优势，抑或说随口对别人

的一句许诺，比如，“改天我请你吃饭”“过两天我给你答复”“等一会儿我给你打电话”等等，如果你说了却没有做到，你就会失信于人。一旦你失信于人，你就会给人留下不靠谱、说话不算数的印象。到那时，同事不会信任你，客户不会买你的账。所以，做人还是实在一点好，说话还是客观一点好。

以下几句话不能说：

“这不公平”——你说不公平，是在抱怨有人不公正，是在消极地发牢骚，对解决问题没有帮助，只会引起别人的不满。

“这不是我的问题，这不是我的责任”——这是在推卸责任，即便你真的没有责任，这句话一出口，也会给人留下爱推卸责任的印象。

“我以为”——说话不要想当然，不要带着猜测行事。

“我尽量”——这句话带有暗示性，即你有失败的可能。尤其是面对领导下达的任务时，你说这句话，会让领导质疑你的能力。你最好说“我会努力的”“我会的”，这样效果就大不一样。

“但我们之前一直是这样做”——在职场中，有创新意识的人通常会受到器重。当领导或同事提出一个新的解决问题的办法时，如果你说“但我们之前一直是这样”，就是在排斥创新。建议你用这样的话代替：“这个办法很新颖，具体要怎样做?”“这个想法很有趣，你看应该怎么实施?”

“怎么会呢”——当别人向你传达一种消极的态度，尤其是上司告诉你一个坏消息时，你不妨用“我很乐意再检查一遍”“我再修改一次”代替“怎么会呢”。

“早就跟你说过了，你不听”——这是“事后诸葛亮”，言语中带着怨言、批评、不满，可于事无补。所以，为什么还要说出来呢?

“都是你的错”——指责别人永远是不明智的，即便真的是别人的错，你是领导，你用这句话指责下属，也很容易打击下属的积极性。你不妨对下属说：“错误已经酿成，下一步是解决问题，让我们来思考解决方案吧!”

顺势精确地把对方的话茬接下去

一个善于顺势精确地接对方话茬的人，面对任何陌生的话题，都可以做到让谈话顺畅地进行到底。

我曾碰到一家单位的人力资源部经理，对方代表公司邀请我去举办一次关于沟通的培训课。那段时间我比较忙，因此，我礼貌地拒绝道："最近一段时间我很忙，很难抽出时间为你们服务。"

我本以为对方会知难而退，或是另定别的时间做培训。但对方却笑着说："我知道你很忙，这也说明你的培训课程受人欢迎，这也是我们公司邀请你的原因。所以，我们何不来规划一下时间，看什么时段你有空呢？"

这位经理的接话让我感到了诚意，我放弃了原本的休假计划，接受了对方的邀请。

回头想一想，这位经理就是一位接话茬的高手。面对我抛出的对他不利的话，他能精确、巧妙地接起来，不让人有任何突兀感，足见他语言表达的深厚功底。

那么，在接话茬时要注意什么，才能确保话茬接得精确呢？

1．认准对象再接话茬

如果别人不是跟你说话，你却"自作多情"地接话茬，结果会怎样？是不是有可能闹出笑话？不信，我们就来看一个例子：

胡先生上班时，突感肚子不舒服，就去了一趟洗手间。刚关上门，蹲下来，就听见隔壁有位先生问："你来了啊？"

胡先生听见如此熟悉的问候，以为是公司的同事赵某，想都没有想就说："是啊！"

这时对方又问："你来干吗啊？"

胡先生有点纳闷，但还是接话道："上厕所啊，来这里还能干吗？"

对方又问："你什么时候走啊？"

胡先生想：隔壁的人是不是脑子有问题啊。于是，他不悦地说："拉完就走！"

对方说："那你一会儿来我这里一下吧，我有事跟你说。"

胡先生这时才感觉不对劲，再一细听，原来对方在打电话，不是跟他聊天。

这是一个让人暗自发笑的笑话故事，它告诉我们：接话茬一定要先搞清楚对方是不是在与你说话。在尚未确定交谈对象前，最好不要接话茬，不妨问一下："你是在跟我说话吗？"得到肯定的回复后，再礼貌地说："抱歉，刚才我没有听清楚！"然后，开始思考如何接话茬，让谈话顺利进行下去。

2. 听清楚主题再接话茬

有些人性子急，又心直口快，还没有搞清楚谈话的主题，就急忙接话茬，然后说出令人啼笑皆非的话，甚至会置人于尴尬中。这种接话茬的表现是极不成熟稳重的。

办公室里，几位同事聊起刚递交辞职书的同事陈琳。

甲说："陈琳做事勤快，为人诚恳，还有点幽默，她辞职了我还真舍不得。"

乙说："陈琳走了是有点可惜，她不但各方面表现都很好，还挺有才华，是个很有前途的姑娘。"

丙说："正是因为陈琳各方面优秀，她才要走的。这种事情，我们也只能感叹！"

这时丁走了进来，想都没有想就说："年纪轻轻就去世了，真是很可惜！"

几个同事马上愣住了，现场气氛非常尴尬。

这就是典型的没有听清楚主题就接话茬闹出的尴尬。所以，在没有听清楚话题时，千万别急于发言，说出"牛头不对马嘴"的话。否则，不但贻笑大方，还会无形中伤到别人。而避免这种情况最好的办法就是多听一会儿，看大家聊什么，然后针对话题，精确地接话茬。

3．话茬没有接好不要慌

接话茬是一门技术活，技术再好的人也难免有发挥不佳的时候，更何况技术一般的人呢！所以，如果你不慎没有接好话茬，也不必惊慌失措，你完全可以补充一句，自圆其说，巧妙地化解有可能造成的误会。

有一次，我去朋友家做客。吃饭的时候，朋友拿出一瓶法国红酒。我这人就喜欢喝红酒，于是很开心地问："你这酒是法国货吗？"

朋友说："是的，是我在法国出差时带回来的。"

我品尝了一口，大呼道："真是好酒啊，我要全部喝掉。"

此话一出，我见朋友脸上有些不自然的表情（他肯定舍不得让我把整瓶红酒喝掉），随即意识到此话说得不妥，于是赶忙解释道："我是说品尝一杯红酒后，我要把那碗肉汤喝掉！"

朋友听了这句话，如释重负地笑了。

与人交谈，难免有说错话的时候，接话茬也不例外。话茬接得不好时，没有必要慌张，不妨淡定（即便是强装淡定）地化解。

改变语言模式，实现精确表达

一个人说什么话可以反映出他的内心世界，一个人怎样说话可以看出他的表达是否精确。改变语言模式，不但可以更精确地表达你的意思，还可以给自己、给别人传递积极的信息。举个简单的例子，有个人说他做不到某件事、达不成某个目标，如果改变一下语言模式，他的表达会更加精确（见图2）。

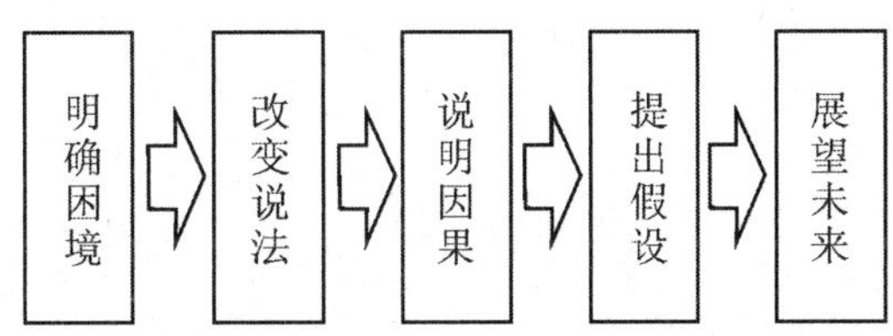

图2　改变语言模式，实现精确表达的步骤

第1步：明确困境——我做不到×××。

第2步：改变说法——到目前为止，我尚未做到×××。

第3步：说明因果——因为过去我不懂×××，所以到目前为止，我尚未做到×××。

第4步：提出假设——如果我懂×××，我就能做到×××。

第5步：展望未来——我要学习×××，为了将来做到×××。

“我做不到×××”只是在描述过去的一个事实，至于说这话的人到底想传递什么信息，我们还不能确定。在改变语言模式后，那句话变为：到目前为止，我尚未做到×××。因为过去我不懂×××，我打算学习×××，为了将来做到×××。从改变后的表达中，你能否听出许多更具体的信息呢？

（1）你知道他做不到，只是目前做不到。

（2）你知道他为什么做不到，因为他没有学×××，这说明他思考过做不到的原因。

（3）他有做到×××的决心，为此他打算学习×××。

你可以发现，改变语言模式后，所表达的更具体、更细致、更有逻辑性。以“我不会游泳”为例，按照上面五个步骤改变这句话的表达模式，如下：

第1步：明确困境——我不会游泳。

第2步：改变说法——到目前为止，我尚未学会游泳。

第3步：说明因果——因为我过去一直害怕水，而且没有找个好老师，所以，到目前为止，我尚未学会游泳。

第4步：提出假设——如果我能找个好老师，并克服对水的恐惧，我就能学会游泳。

第5步：展望未来——我要找个好老师，并克服对水的恐惧，我将来肯定能学会游泳。

每个人在说话时都有其独具特色的模式，表现在说话的态度、语言的内容、词汇的选择、语速和节奏的控制等多方面。而有些语言模式并不利于精确表达，不利于取得理想的沟通效果。对于这样的语言模式，我们有必要用更好、更精确的语言模式去代替。

1. 语态——自信、主动的态度

语言是思维的外在表现，能直观地表现出一个人的内心世界。如果一个人经常满口是消极、悲观的论调，他与别人的沟通效果就很难保证，他的生活也不可能充满阳光。因此，改变语言模式要从改变语态开始。

（1）自信而肯定。

你想约到客户，在拿起电话时，应该用自信、肯定的语气与对方说话。“周三下午我们见个面，晚上一起吃饭，您有时间吧？”你要给对方不容拒绝的态度。如果对方那天下午没有时间，那你就要马上换个时间，比如，“那

好，周四晚上6点见可以吧？”对方听到你如此自信、肯定的语气，想必也不好意思再拒绝你了。用这样的语态说话，能很精确地传达信息。

（2）主动去沟通。

在与人交往中，不能没有沟通。无论对方是寡言少语的人，还是性格外向的人，你都应该主动与之沟通，主动表达你的感受。要做一个积极的人，不要等着对方创造话题，而应该积极主导谈话，主动表达你想传达的信息。

2．内容——选择话题很重要

有一种人说话不看人，对所有的人都用同一种语言模式，我指的是谈话内容。比如，他加薪了，见人就喜上眉梢地传达喜讯；他有了不幸的遭遇，见人就滔滔不绝地倾诉。殊不知，除了最亲近的人，大多数人并不关心你是否加薪、你遭遇了什么不幸。

虽然前面小节讲到看人说话，在这里我还要强调这一点。比如，和女士交往，可聊聊时装、居家，和男士交往，可聊聊体育、休闲。这样的内容模式很有针对性，更有利于取得理想的交际效果。再者，初次与人交往，如果可以的话，最好从侧面了解对方的脾气秉性、兴趣爱好、优势特长，多谈论对方感兴趣的话题。这有利于赢得他人的信任与好感。

3．词汇——去掉不良口头禅

有些人说话有自己的一套模式，喜欢反复使用同样的词汇，即口头禅。如果是积极的口头禅，比如“好的”“很棒”，那也没有什么，可他们偏偏喜欢说不良口头禅，比如“完了”“糟糕”“惨了”“不可能”“没有办法”等。这些词汇泛滥，不知不觉间会传递负能量，会给别人和自己消极的暗示。

4．节奏——保持适当的语速

不知你是否留意到一个现象，有些人说话总是慢条斯理，火烧眉毛都不着急，而有些人说话则像打机关枪，这两种说话的语速都是他们固有的语言模式。

语速太慢或太快是两个极端，而语速快慢适中、有节奏地表达才是最精确有效的语言表达模式。比如，常规的陈述要语速平缓，到了关键处，要提高嗓音，并略微加快语速。到了谈话结尾，再适当放缓语速，做一下总结。如此，有快有慢地表达，给人一种从容、稳重的感觉，也能确保别人能听清楚你所表达的内容。

第 2 章

表达能力强的人，都是练出来的

没有人是天生的表达高手，那些在众人面前谈吐自如、魅力十足的人，其良好的表达力往往是经过实践训练出来的。

文笔再好，也不能完全精确地表达原意

生活中有这么一些人：他们善于拿笔写文章，习惯字句上的组织，文采上的斟酌，能够游刃有余地表达自己的观点。但如果让他们直接与人聊天，或在众人面前讲话，他们往往口齿笨拙，说话啰嗦，东一句，西一句，毫无语言逻辑，是典型的“不会说话者”。有时候他们也会因自己嘴笨而气恼，但又能很快想通：“有优势就有不足，谁叫我会写呢？”

我从小就嘴笨，不爱说话，也不爱出风头，特别害怕见陌生人。上学时，我从来不主动站起来回答问题，有的课文我明明背得滚瓜烂熟，但被老师叫起来背诵，我就会卡壳，甚至语无伦次。每次放学回家，如果家里有陌生人，我就不敢进屋，把书包放在院子里就往外跑。

由于性格的原因，我喜欢闷头写东西，也在报纸、杂志上发表了一些文章。参加工作后，我交际的胆量比原来大了一些，但还是不善于讲话。记得有一次参加一个饭局，吃饭到最后，有人提议每人讲一句话，快轮到我时，我就跑到卫生间去，估摸着大家讲得差不多了才回来。可是刚一进屋，大家就掌声“啪啪啪”地响起来。

有人提议：“欢迎作家讲几句！”那一瞬间，我脑子突然就短路了，一片空白，紧张得一句话也说不出来。我端着酒杯，结结巴巴地说：“我不会讲话……”只听到有人说：“开玩笑吧，作家不会讲话，我们这些人就更不会讲话了。”后来，有人出来替我打圆场，我才逃过这个尴尬场面。

有时候，我为自己嘴笨而懊恼，有时候也自我安慰：话少总比话多好，言多必失嘛，再说了我会写，不会说有什么大不了的。事情都有两面性，如果我会说，可能就不会写了呢！这样想的时候，我心里就舒服了些，就更不愿意说话。所有的语言，所有的故事，都被储存在大脑里，只通过纸和笔吐露出来，从而变成一篇篇文章。

以上是一位偏爱写作、拙于开口表达的人的自白。他说“事情都有两面性，如果会说，可能就不会写了”，真是这样吗？其实，这二者并不矛盾，会写的人中，也有能说会道的，会说的人中，也有下笔如有神的。对于那些用“会说不一定会写”来自我安慰的人，我想说的是：相比于“说”，“写”存在以下两大劣势：

劣势1：应用面相对较窄

不可否认，会写是一门很有优势的技能，但相比于“说”，它的应用面要窄得多。尽管你可以找到能够发挥写作特长的工作，但那毕竟是工作。沟通中，你不可能拿着笔和本子，用写代替说与人交流。而说则不一样，无论是在家里家外，都要说话，都要做到精确表达。尤其是在职场、商业活动中，说的质量如何，会直接影响你的人际关系和办事效率。

劣势2：难以完全表达原意

有时候，写得再好，也难以完全精确地表达你的原意。对于这个观点，也许有些写作高手持反对意见，他们有自信通过写来精确表达自己的原意。我承认有些人文字功底强，可以用最恰如其分的言辞表达自己的意图，可有一点不能否认：文字用得再恰当，也不可能超出用嘴巴说话时传达的语气、神态、身体语言等非语言信息所表达的精确效果。

举个很简单的例子：一句“你吃饭了吗？”用不同的语气、神态说出来，效果是大不相同的。而用文字写出来，它只是在问“你吃饭了吗？”除此之外，我们或许无法从中解读更多的信息。这就是文字表达的局限性。

那么，怎样才能走出“文笔好，口头表达差”的困境呢？办法只有一个，那就是加强练习。古今中外，许多口若悬河、能言善辩的演讲家、雄辩家，无一不是靠刻苦训练而提升口头语言表达能力，从而获得成功的。

美国前总统林肯为了练习口才，徒步近50千米，去一个法院听律师们的辩护词。看他们如何摆事实、说观点，怎样做手势。他一边听，一边做笔记，还趁机模仿。他还曾对着大树、成行的玉米秆子练习表达能力。

下面，我们就来介绍几种简单、易学、见效快的提高口头语言表达精确性的方法。

训练方法1：速读法

速读，即快速朗读，目的是练习吐字、发音的精确性，训练出一副伶俐的口齿。

方法：

（1）由慢到快，逐次加快语速，直到最后达到你所能达到的最快速度。

（2）速读过程中，尽量不要停顿，发音要精确，吐字要清晰。否则，你语速很快，别人却不知道你在说什么，就等于白说了。

（3）不受时间、地点的约束，无论在何地都可以找机会练习。

训练方法2：背诵法

背诵，先背后诵，目的是培养记忆力，增强口头表达能力。

（1）对选定的材料进行分析、理解，体会作者的思想情感。

（2）对材料作一些艺术处理，比如，找出重音、画出重点和停顿。

（3）在以上两步的基础上背诵，可以先诵后背，也可以先背后诵。

（4）在熟背后，以饱满的情感，精确的发音、语调进行朗诵。

训练方法3：复述法

复述，即重复别人说的话。这种训练法的目的在于锻炼记忆力、反应能力和语言表达的连贯性。

（1）选一段长短合适，有一定情节的文章，最好是叙述性较强的文章，

然后请朗读较好的人朗读，并将其朗读用手机录下来，然后你听一遍复述一遍，反复多次。

（2）刚开始可以一次复述一两句，慢慢地要一次复述多句话，这考验的是你的记忆力。

训练方法4：描述法

描述法，即把你所看到的人、事、物描述出来。这种训练法的目的是锻炼你的语言组织能力和语言表达的条理性。

（1）对所要描述的对象进行观察，比如，你想描述自己所推销的产品，就要事先对产品进行观察，包括内部结构、功能键排列、颜色、外包装等等。

（2）思考先说什么，后说什么，确保你的描述遵循一定的逻辑，切不可东扯一句，西扯一句，让人不知所云。

（3）使用恰当的修辞手法，比如，用比喻、对比等手法描述，就能让你的表达通俗易懂。比如，“我们这款液晶电视就像一台大电脑，可以在上面玩游戏、看电影，比在电脑上看电影过瘾多了。”当然，你还可以略微加一些幽默，这样就更能提升你的表达效果了。

训练方法5：讲故事法

讲故事，听起来很容易，但要想把故事讲得绘声绘色并不容易。讲故事的目的是锻炼你的语言组织能力，看你如何用最简单的语言，在最短的时间内把故事讲得动听。

（1）选定符合话题的故事，比如，你和客户正在聊产品的故事，为了说明你的产品对用户的吸引力，你可以把自己经历过的一件事讲给客户听。“3个月前，有位用户购买了我们的产品，一个星期后，他打电话给我，说还要买100件产品，我问他为什么买这么多，之前买的一件完全够用了。他解释说，之前买的一台是给自己的，目的是试用，现在买100件，是作为福利发给大家的。这位老板真不错，试用了产品，觉得不错，再买给员工，真的很有心。”

（2）先把故事讲完整，重点突出，语言简明，在此基础上，再逐步加入修辞手法和你的幽默感。故事的内容是“本”，语言的修饰是“末”，切勿舍本逐末，为了讲故事而哗众取宠，讲一大堆“无关的内容”，对听众理解故事却毫无益处。

四种典型的不够精确的表达方式

在人际交往中，总有那么一些人，他们的表达方式让人很不爽。在这里，我要分析的是四种常见的、典型的、不够精确的表达方式。

错误表达方式1：连续提问

连续提问会给别人制造压力，会让对方觉得你想从他那里获取很多信息。而且对方回答了你一个问题，还没有休息一下，你的第二个问题又来了，对方会觉得这样聊天很累。与此同时，你却没有向对方透露自己的信息，这是一种不公平的交谈，很容易会让对方产生反感。

连续提问的现象在人际交流中非常普遍，举个例子：

问：你是新来的同事吧？

答：对。

问：你之前在哪家公司上班？

答：我之前在×××单位上班。

问：你是哪里人？

答：我是×××地方的人。

问：你多大了？

答：28。

问：你结婚了吗？

答：还没有。

……

这是某公司一位老员工对新来的同事的连续提问。如果你是那位新同事，你是否会觉得对方问得太多、太着急了呢？会不会对他的提问产生反感？我想，一定是的。但是，由于你是新同事，又不好意思拒绝回答。

导致连续提问的原因有三个：

（1）对别人充满好奇，急于了解对方，所以不自觉地开启了连续提问模式。这是无心之过。

（2）沟通技巧有限，为避免冷场，只好用连续提问来避免无话可说。这是无奈之举。

（3）刻意连续提问。比如，法庭上，原告律师连续提问，质问被告人；记者采访时，用连续提问探究事情真相。

连续提问是在透支他人的沟通耐心和礼貌。正常的聊天应该你来我往、互通有无，你可以向别人了解信息，但也应该向别人提供信息。比如：

问："你刚毕业吧？"

答："对。"

问："我也才毕业两年，工作忙忙碌碌，最近在考虑要不要考研究生。"

答："考研究生挺好的啊，你可以边上班边学习，备战考研。"

问："这样可以吗？会不会工作也做不好，学习也搞不好，到时候竹篮打水一场空。"

答："这就要看你个人的自控力和时间规划了。我表弟就是边工作边学习考研究生的，很顺利地考上了，工作也干得很出色。老板得知他考上了研究生，还给他发了 1 万元的读研经费，叫他研究生毕业后如果愿意再回来工作。"

在这个例子中，提问者在获取对方信息的同时，很主动地向对方提供了信息，回答者的话匣子一下子被打开了，整个聊天过程非常愉快、顺畅。这才叫沟通。

错误表达方式2：不聊自己

有些人在聊天中不聊自己，只聊与别人有关的话题，当对方问他问题时，他假装没有听见，或有意识地转移话题，就是不回答。与这种人聊天，会让人觉得很不公平："凭什么了解我的信息，却不肯说自己的信息！"很容易引起对方的不满，从而使沟通陷入僵局。

他们为什么不聊自己呢？原因不外乎这样几个：

（1）天生的自我保护意识，而且这种保护意识过度了，尤其是在与陌生人打交道时。

（2）不懂沟通，没有理解沟通的精髓——互通信息。

（3）对别人充满好奇，急于了解别人，陷入了第一种典型的错误中（连续提问）。

在人际交往中，如果你只聊别人，不聊自己，别人问你的相关情况，你闭口不谈或一带而过，会让人觉得你不坦诚、有秘密，或觉得你城府很深，这是赢得他人信任的一大障碍。建议：当别人向你提问时，尽量正面地回答别人，给别人想要的信息。即便你的回答只有三两个字，也请精确、具体一点。比如，别人问你年龄，你可以说"1985年的"或"31岁了"。当然，前提是对方的提问内容不涉及你的隐私。

错误表达方式3：热情过度

热情过度，就是在沟通中传递出来的热情、情感超出了你们现有的关系，从而让对方觉得别扭。热情过度表现为两种形式：

（1）对自己的状态表达得过于琐碎。比如，把今天吃了什么、做了什么、看了什么、买了什么、想了什么等等，事无巨细地告诉别人。殊不知，别人也许对你这些信息根本不感兴趣。

（2）过分地表达对别人的感受。比如，两个同事关系一般，隔了一个双休来上班，见面后一方对另一方说："这两天我满脑子里想的都是你。""周五看你有些感冒，我今天给你带来了感冒药！""周末玩得愉快吗？有没有想我？"殊不知，这会让对方不知所措，尤其是异性之间说这种话，会让对方尴尬。

要想在人际交往中避免热情过度，最好的办法是运用生活常识来判断你与他人的关系，确保你说出的话在对方能接受的安全心理距离之内。

错误表达方式4：随意评价

随意评价，包括随意评价别人的情绪、意愿、能力、性格、行为等等。随意评价更多的是建立在主观判断的基础上的，不是建立在对事实的全面了解之上，往往是自以为是的评判。比如：

甲："你在干什么？"

乙："旅游。"

甲："真惬意，真羡慕你游山玩水。"

殊不知，乙刚失恋，旅游是为了放松心情，他并未觉得很惬意。

再比如：

甲："你在干什么？"

乙："在意大利出差。"

甲："真爽，可以顺便去意大利旅游，真羡慕你。"

殊不知，乙是带着艰巨的工作任务去的。临行前，老板对他说："没有拿下客户就滚蛋。"他哪还有心思去旅游呢？

另外，还应注意随意评价的对象，对你不太熟悉的人，切勿随意评价，因为你在不了解对方的情况下，如果先入为主地随意评价，很容易引起对方的反感。即使是对你熟悉的人，也不要随意评价，因为如果评价不精确、不恰当，对方会觉得你不了解他，与你没有共鸣，这会影响你们之间的关系。

交谈中的五大雷区

沃尔玛创始人山姆·沃尔顿说："如果你必须将沃尔玛管理体制浓缩成一种思想，那可能就是沟通。因为它是我们成功的真正关键之一。"

在沟通中，有些人缺乏精确表达的意识，导致陷入交谈雷区，给交际蒙上了一层阴影。踩入交谈雷区，有时候并不仅仅是能力问题，更是情商、沟通意识的问题。要想避开雷区，必须先搞清楚交谈中有哪些雷区。总结下来，有以下五大交谈雷区（见图3）：

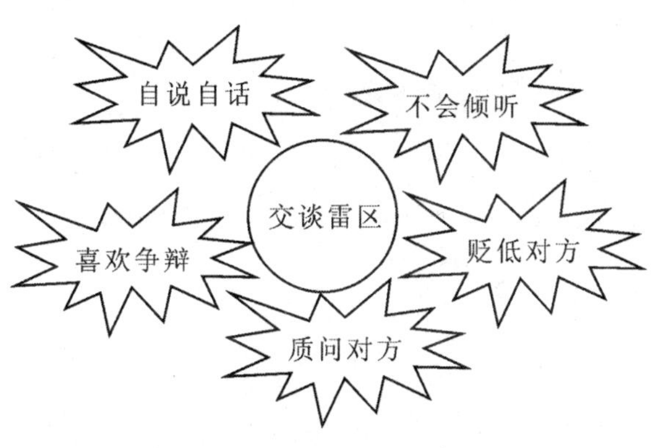

图3　五大交谈雷区

1. **自说自话**

沟通是双向的交流和互动，既要自己表达，也要给对方说话的机会。可有些人表达欲过于强烈，一开口就滔滔不绝，只顾自己说得酣畅淋漓，全然不顾对方的反应，结果只能引起对方的反感、厌恶。所以，千万不要独占任何一次谈话，否则，以后将没有人愿意与你交谈。为此，有两点要记住：

（1）在表达时，眼神要与对方互动，并时刻关注对方的表情、肢体反应。如果对方有心不在焉的举动，如左顾右盼、轻声叹气、摇头、双手抱胸、起身站立、欲言又止等举动，那说明对方已经厌倦了你的讲话，这时应停下来，给对方表达的机会。

（2）在讲话的过程中，适当地询问对方对你的观点有何看法。比如，“如果使用我们这款产品，是不是可以提高你的工作效率呢?”“你对我们这款产品有什么看法吗？你感觉它怎么样?”然后略微停顿几秒，给对方作答的时间和机会，这样就很自然地把对方引入到交谈中来，避免你唱“独角戏”。

2. **不会倾听**

在交谈中，我们既要会表达，也要会倾听，倾听是为表达服务的。试想，当别人表达时，如果我们不认真倾听，不知道对方在说什么，或没有理解对方的意思，怎么可能针对他的观点做出精准回应呢？从某种程度上来说，倾听是最好的沟通，倾听是最精准表达的关键前提。没有倾听，就谈不上沟通，更谈不上精准表达。

下班后，罗拉气冲冲地对着男朋友波波抱怨道：“我的上司简直不可理喻，做什么都一塌糊涂；没有思路，没有计划，想起什么就是什么。早上说报告要这样写，我花了一上午写好给他。没想到下午他又改主意了，要推倒从来，还硬说是我没听懂他的意思。这已经不是第一次了，我真不想干了……”

“你又抱怨了，其实你上司不错的，我和他打过交道，他是个很有能力的人。”波波开导道。

“他还不错？你没在他手底下干过，你怎么知道他人不错?”罗拉有些不悦地反问。

“我是没在他手底下干过，但我跟他接触过，他应该不像你说的那么差吧?”

“那你的意思是我不对了？真没想到，我在公司受了一肚子气，你还这么

说。”罗拉很失望。

“我说什么了啊，我只是说你对他的评价不客观啊。”

“好，我不客观，是我的错，行了吧？”说着罗拉就开始拎包，起身往外走。原本她和波波是打算在餐厅吃晚饭的，可现在她根本没心情。

见此情景，波波一脸无辜，手足无措。

这是一个典型的因不会倾听而导致沟通失败的例子。案例中的情况在我们的工作和生活中经常发生，有时候我们扮演的是罗拉的角色，有时候我们扮演的是波波的角色。那么，问题出在哪里呢？

其实稍加分析就能明白：罗拉向波波诉说，主要是为了发泄内心的不满，她渴望得到波波的认同和安慰。却不料，波波反而站在她上司的一边，并指出罗拉是在抱怨。这让罗拉很无助、很失望。最后沟通失败也就不奇怪了。在这里，波波应承担沟通失败的主要责任，因为他没有尽好倾听者的责任。

倾听是精准表达的重要组成部分，它不只是说你要表现出倾听的态度，更要学会理解别人的意思，听懂别人的画外音，准确地把握说话者的情感。通常，说话者的一段话中会包含三个方面的意思：

客观事实——指描述一件实际发生的事。比如，罗拉花了一上午时间完成了一份报告，这份报告是她按照上司的意思来写的。当她把报告交给上司时，上司却批评她，说她误解了上司的意思，要重新写一份。

主观认知——说话者对客观事实的认知、看法和态度。罗拉对上面发生的这件事的认知是，她是完全按照上司意思写的，是上司做事没思路、没计划，完全是上司自身有问题，而不是她的责任，她受到了不公平对待。

情绪——说话者在表达时所蕴含的感情，很多时候说话者不会直接说出来，而是通过说话时的语气、表情、遣词造句等表现出来。比如，罗拉说话时的语气很气愤，用的词是“不可理喻，做什么都一塌糊涂”等，可见她的情绪很气愤、委屈。特别是那句“真不想干了”，有很强的感情色彩。

通过以上分析，若想成为有效的倾听者，要做到以下两点：

（1）认清对方说话的主要目的，准确理解他要表达的信息。

如果对方主要目的是描述客观事实，那你倾听时就要尽量搞清楚不明白之处。如果对方主要目的是表达主观认知，那你倾听时就要帮助对方分析产生这种感觉是否合理。如果对方主要表达目的是发泄情绪，那你就给他机会表达，不要插话，不要打断，保持眼神交流、认真倾听就可以了。

（2）通过询问、解述，引导和影响说话者。

倾听的过程中，通过问“你为什么会这么想？”之类的问题，搞清楚对方的真实想法。这样做的目的是完全掌握客观的信息和对方的意图，从而对说话者做出最准确的反馈，实现精准表达。

3. 贬低对方

有些人在说话时，有意无意地暗示对方不行，或炫耀自己比别人厉害。比如：

销售员：“我们这款产品具有××功能，可以大大提升您的生活品质。”

客户：“算了吧，就这个功能，太低级了，我见过很多产品都有这个功能，而且比这个功能强大10倍。”

再比如：

甲说：“我昨天终于通过了驾照科目二的考试，真是有惊无险啊！”

乙说：“不就是通过了吗？瞧把你乐的，想当初我考驾照时，前前后后只学了三天的车，科目二和科目三都是一次通过的。”

感觉一下客户和乙的话，如果你是销售员或甲，会不会觉得很不舒服？喜欢贬低对方或炫耀自己是交谈的一大雷区，不但会伤害对方的自尊，让对方不愉快，还会导致双方出现心理隔阂。

要避免陷入在交谈中贬低他人的雷区，最有效的办法是：当别人介绍自

己的经历或物品时，你不要马上介绍自己类似的、比对方好的经历或物品。比如，对方在介绍自己产品的独特功能时，你不去用更好的同类好产品做回应，而是说："哦，这个功能听起来很不错!"对方在讲述自己考驾照的经历时，你不要用自己考驾照的经历做回应，而是说："考试紧张吗？通过考试的感觉很棒吧!"这样能让对方觉得获得了你的认同，有利于激发对方的表达欲。

4. 质问对方

有些人在交谈中喜欢用"为什么""难道""凭什么"等词语发出质问，比如：

你为什么不买保险？

难道你对保险有成见？

你为什么对保险有成见？

你凭什么说保险公司都是骗子？

你有什么理由说缴费容易、获得赔偿难？

质问别人是不礼貌的表现，轻则会引起对方的反感，重则会激怒对方，让交谈立刻陷入僵局。所以，如果你想赢得别人的青睐和认同，千万不要随便质问对方。当然，如果你想表达疑问，可以这样做：

（1）面带微笑，表情放松，语气温和。

（2）用恳求的语气代替质疑的语气，比如，"能告诉我你不买保险的原因吗?""我想知道你对保险有怎样的看法!"这样会让人听起来舒服很多。

5. 喜欢争辩

有些人在交谈中，喜欢与对方争辩。比如，销售员在向客户介绍产品时，客户不认同其产品，并指出其产品的缺点，销售员便展开反击："开什么玩笑？我们的产品怎么会有这个问题呢？你搞错了吧!"结果与客户争得面红耳赤，不欢而散。

交谈中有意见分歧很正常，想用争辩的办法说服对方，几乎是不可能的。因为就算你争赢了，也会失去对方的好感。明智的做法是：

（1）以平常心对待不同的意见和见解，在对方表达不同观点时，要微笑地倾听，充分表达对对方的尊重。

（2）先适当肯定对方的观点，并委婉地指出其中不合理的部分。比如，“张先生，你针对我们产品提出的不足之处很中肯，我们的产品确实在××方面存在不足，我们公司也在不断改进，现在这个不足之处几乎不存在了，用过我们产品的客户都没有反映类似的问题。”你看，这样的回应先是在认同客户，然后委婉地指正客户，这样客户就很容易接受。

放轻松，才能驱走怯场的心魔

每个人在公开场合发言或多或少都会怯场，如果你不紧张，反而不正常。这些年来，我做过无数次演讲，但至今我在公开场合发言依然有点儿怯场。

前不久，我受邀去给一家著名企业的管理层讲如何通过精确表达提高管理层的形象。受邀讲师并非我一人，在我开讲前，是一位被大家评价为“超级棒的讲师”讲课，这触动了我的好奇心。所以，我悄悄坐到了观众席的最后排，以确保不影响大家听课。

我以为那位“超级棒的讲师”可以把听众掌控于股掌之中，结果，我看到的却是一个授课技巧、授课内容很一般的讲师。这让我“喜出望外”，看到别人讲的不过如此，我终于松了口气，再也不用担心自己会紧张了。别笑，这就是驱走怯场心魔的小技巧。

在公众面前发言会紧张，这是每个人都会有的心理。适当的紧张有利于更好地发挥，但过于紧张时，人的思路无法集中，这会直接影响表达的精准度，影响表达的效果。很多人属于过度紧张群体中的一员，就连世界著名的男高音歌唱家普拉西多·多明戈都会受到怯场心理的影响，他最高纪录是一场表演中声音爆了5次。

所以，我们普通人有怯场心理多么正常呢？

通常来说，造成怯场心理的原因有这样几个（见图4）：

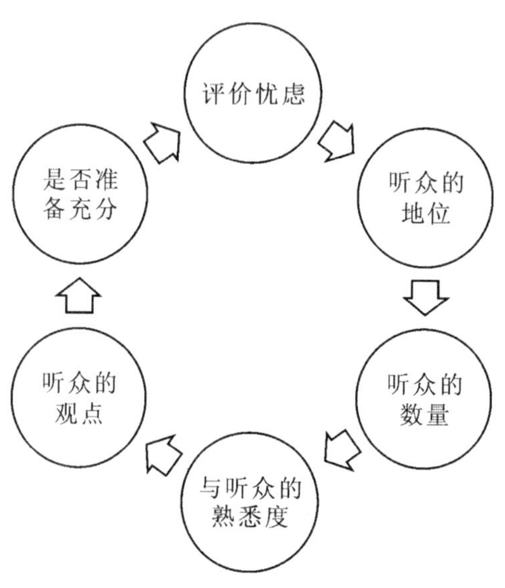

图4　怯场的常见原因

原因1：评价忧虑。

现代心理学认为，在任何存在评价的场合，人都很难发挥原有的水平（不局限于演讲，还包括其他能力）。在演讲中，由于评价是单向的，演讲者在明处，完全由听众来“裁判”，所以演讲者会有很重的心理负担。这是造成胆怯心理的最主要原因。

原因2：听众的地位。

如果我们面对的听众身份、地位比我们高，我们讲话时就会感到非常紧张。这就是很多求职者在面试官面前表现得很不自然的原因，一方面是因为评价忧虑，另一方面是因为面试官大权在握。

原因3：听众的数量。

人都愿意在“小范围”内讲话，如果听众数量非常多，演讲者就会变得更加谨慎，因为他们觉得一旦表现不佳，那么多人都知道了。这种过分谨慎会加重他们的怯场心理。

原因4：与听众的熟悉度。

在熟人面前讲话比在陌生人面前讲话表现得自然，面对陌生的听众时，

我们之所以紧张是因为我们对他们一无所知，而他们在几分钟甚至十几分钟内就会对我们做出评价。

原因5：听众的观点。

在发言前，如果演讲者知道听众的观点和自己的观点一致，那么他会变得信心十足。反之，他会有很多忧虑。担心自己的观点与大多数听众的观点相悖，引起听众的不满。

原因6：是否准备充分。

如果演讲者准备充分，他心里就会有底。反之，他会觉得演讲有很多未知数，觉得有出丑的可能，那么他就会变得畏首畏尾。

综合以上原因，你会发现：听众的地位、听众的数量、与听众的熟悉度、听众的观点等是我们无法左右的，只能去适应。为此，我们要做好三方面的功课（见图5），确保自己不被外界因素干扰而影响自己表达的自信心，才能以一种自信、放松的姿态面对任何场合的讲话，才可能实现精准表达。

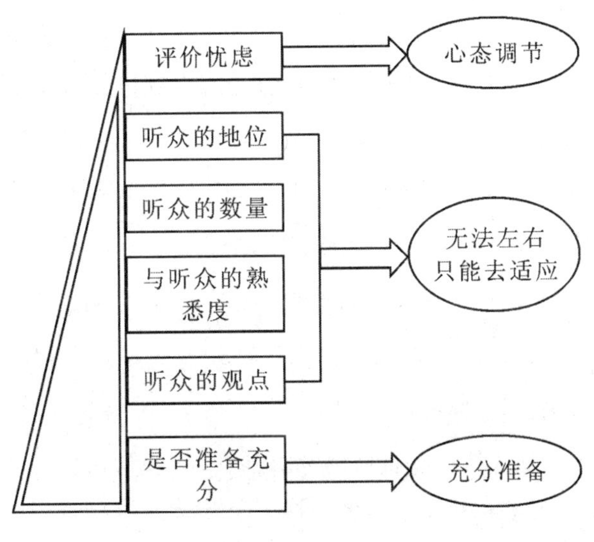

图5　应对怯场的办法

1. 充分准备，无往不胜

不打无准备之仗，这是我对公众讲话者的建议。因为当你做好了充分的讲话准备时，对于要所讲的内容，心中有数，那么在讲话时，就会有一种成竹在胸的感觉。这样有利于你保持镇定，从而实现精准表达。

（1）针对讲话主题准备演讲内容。

你要讲什么主题，事先肯定是知道的，完全有时间准备要讲的内容。如果你事先不知道要讲什么，临场有人推荐你上台讲话，你可以拒绝。如果你有信心讲话，那是另外一回事。

（2）开始前先热身。

活动开始前，你可以在前往演讲地的出租车上或现场的私人休息室里大声地练习要说的内容。这样不仅可以消除紧张，也可以让你尽快进入状态。

（3）反复练习开场。

演讲开始后的 2 分钟是你最紧张的时候，所以，流畅自信的开场很重要。开场成功了，你自然会自信起来，紧张感也会随之消失。

（4）提前熟悉场地。

在观众入场前，你最好先到讲台上感受一下。检查一下讲台、桌子、试试麦克风，听听自己在麦克风里的声音。做完这些，直接去等候厅和大家一起待着。如果条件允许的话，你可以在房间里走动走动，尽量多认识一些来宾。我就经常这么做，因为提前和听众聊几句，有助于缓解紧张的情绪。而且在演讲的时候，面对自己熟悉的脸庞，总好过面对一群陌生人。另外，那些跟我聊过的听众，在听讲的时候会更专心，表情也会更友好。

2. 调整和暗示自己，积极适应变化

当你在讲台上，面对一群人时，你已经没有退路了，最好的退路就是放松心情，把你该讲的话讲清楚，给听众留下一个好印象。当你放松地去讲话时，你会发现做到精准表达是很容易的事情。

（1）给自己积极的暗示。

相信自己的魅力可以迷倒所有听众。在众人面前，千万别自我怀疑。别去忧虑自己能不能成功，也别胡思乱想听众会不会喜欢。回忆一下以往成功的演讲，或工作中成功的案例。

（2）上台深呼吸，开始演讲。

很多人问我：“我的声音为什么会发颤?”其实，声音发颤的原因很简单，呼吸出了问题。人在紧张的时候，会忘记匀速呼吸。短促的呼吸会让你的心率加快，你会感觉心要跳出来了，这会耗尽你肺里的空气，导致你说话时底气不足。有一种可能，由于过度消耗体力而呼吸不稳，比如，你小跑着上台。别以为你只有一点儿喘，到了说话的时候可能就会上气不接下气。

某电视台的新闻部主任从别的地方赶过来做演讲，当主持人介绍他的时候，他还在楼下没有上来。为了不耽误演讲，他没有等电梯，而是直接爬楼梯上来了。结果，他一边喘息一边走上了讲台，直到讲完也没有顺过气来。

所以，呼吸很重要，深吸一口气，憋一两秒，然后慢慢地从嘴巴呼出。你如果练习过瑜伽，应该清楚怎么做。深呼吸可以让你的心情快速平静下来，让你的脉搏变慢，让肺里充满空气，让你的声音恢复平稳和自信。

（3）保持平缓的语速。

对于任何演讲者来说，开始后的前1分半钟一定要控制语速。因为你的身体会不由自主地加快语速。另外，当你不小心出错后，也要注意控制语速。很多人一出错，讲话的节奏就乱了。殊不知，这时越着急讲话，越容易出错。

（4）把目光对准“友好的观众”。

当你在台上面对一群观众时，你会在观众中看到一些“友好的观众”。他们的特征是脸上挂着温暖的微笑，像个弹簧娃娃似的冲你不停地点头，以表达对你的支持。如果你面对的观众较多，你可以将他们分为四个区域（见图6）。然后，试着在每个区域找一两个“友好的观众”，把这四个区域当成你关注的焦点。讲话的过程中，眼神在这四个区域不停地转移。如果你不小心看到有人在玩手机，也没有必要胡思乱想，也许别人正在用手机记录你说的至理名言呢！

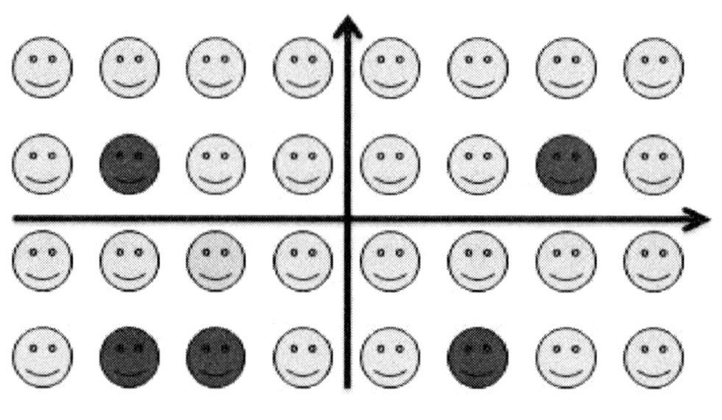

图6　表达时目光关注的区域

知道我为什么建议你这样做吗？很简单，就是始终要往好的地方想。如果我看到有个听众睡着了。我会想：他昨晚肯定加班了，今天还能坚持来听我讲话，已经是很看得起我了。这就是给自己积极的暗示。

（5）不要自我纠正。

“呃，我不是那个意思，我的意思是……”“所以，那个……那个……哦，搞错了，是……”讲话的时候，这样不停地纠正自己，会打乱你讲话的节奏，而且会强化你“涂改”的观点，这会影响你的可信度。当你觉得自己想纠正刚才说的话时，不妨停下来放松一下，也许你发现最初的表达是最好的。

3. 专注于要说的内容，而非听众的想法

你的大脑能力有限，无法同时关注你的发言和现场观众的表情，并通过观众表情去猜测他们的想法。猜测听众的想法会让你陷入莫名的恐慌中，然后你会紧张，语速会变快，直到你大脑一片空白，演讲尴尬地中断。实际上，你永远猜不到别人在想什么，听众的面部表情根本无法反映出他们对你演讲的评价。

一位年轻的作家初到纽约，马克·吐温请他吃饭，饭局还有30多位达官

显贵。临入席的时候，年轻作家魂不守舍，浑身都发起抖来。

“你哪里不舒服吗？”马克·吐温问。

“我怕得要命。”年轻作家说，“我知道等会儿他们肯定会让我发言，可是实在不知道说什么，一想起等会儿我可能要出丑，我就心神不宁。”

“呵呵，你不用害怕，我只想告诉你——他们有可能会请你讲话，但任何人都不指望你有什么惊人的言论。”

马克·吐温的话对很多害怕在公众面前讲话的人都很实用。很多人渴望在众人面前充分展示自己的才华，但当机会降临到自己面前时，他们又会手足无措。因为他们对自己期望太高，想表现出一个完美的形象，以获得听众的好评。可越是这样，他们越容易束手束脚。其实完全没有必要这样，不妨换一种思路去对待公众讲话：

（1）把注意力放在自己的讲话内容上，而不是听众的评价上。听众的评价并不那么可怕，就像你坐在底下看别人发言，你如何看待他们，实际上他们也是这样看待你的。

（2）别那么高看自己，实际上你只是一个普通人，听众也是普通人，即使他们的地位比你高、学识比你广。既然都是普通人，那就说普通人常说的话。

（3）不要期望一次讲话就能把自己的优点全部展现出来，一个人的优点是要经过时间、经过一系列事情才能展现出来的。企图一亮相、一发言就获得满堂喝彩，只会出现在戏剧中。

站起来，抓住一切机会练习精确表达

如果有人说自己找不到练习精确表达的机会，这就如同他说自己中了3000万彩票那样难以置信。在你周围，锻炼精确表达能力的机会到处都是，而且根本不需要你用心去找，只要你敢于挑战自己。也许曾经有很多练习的机会摆在你面前，但被你的不自信给拒绝了。

其实，即使你在众人面前讲的话烂得像一堆“臭狗屎”，天也不会塌下来，明天的太阳照样从东方升起。不就是开口把话讲好吗？有必要犹豫半个小时，下一百次决心吗？退一万步说，大不了当众出个丑，有什么大不了的呢？

曾经有人问萧伯纳：“你是如何学会声势夺人地进行演讲的？”

萧伯纳说：“我是以自己学会溜冰的方法来做的——我使劲让自己出丑，直到我习以为常。”

很多人并不知道，萧伯纳年轻时十分胆怯。有人看见他在防波堤上徘徊20多分钟，最后才壮着胆子去敲人家门。萧伯纳亲口承认很少有人像他那样因胆小而痛苦，或极度地为胆小感到羞辱。

后来，他下定决心把胆怯变成最有力的资本，他加入了一个辩论学会。只要伦敦有公众讨论的聚会，他必定参加。在这个过程中，他有过出丑的经历，但随着他的胆怯心理慢慢消除，他把自己变成了20世纪最自信、最出色的演说家之一。

精确表达是一种需要通过练习才能获得的能力，没有人是天生就擅长精确表达的，就连演讲大师萧伯纳也不例外。这种练习不是偷偷练习，而是在大庭广众之下，勇敢地站在人群面前练习。这种练习一方面是练精确表达的技巧，另一方面是练习表达的胆量。这样才能让你在大家面前既有信心和胆量去讲话，又能真正把话讲到点子上，实现精确表达。

1. 抓住并创造当众说话的机会

工作中和生活中，有很多当众讲话的机会，需要你抓住它们，给自己一个发声的机会。比如，在公众聚会里站起身来，让自己出个头，即使是在别人讲话时，你站起来说："他讲得好不好？掌声在哪里？"然后带头鼓掌，制造波澜。

在公司会议上，不要黏在椅子上紧咬牙关，开口说说你的看法。即便是附和别人，如："刚才听了老赵的讲话，我觉得他的观点很中肯，我比较赞同。另外，我还有一点想法……"先认同别人，再提出异议，会让你的观点易于被人接受。

除了抓住当众说话的机会，你还要善于创造大众讲话的机会。后者比前者更进一步，它意味着你要主动参与，甚至发起公众活动。比如，参加户外活动，并负责某些事务。再比如，参加辩论赛，当个辩手，这样你就有机会当众讲话了。

我有一位客户说，他从小喜欢对自己最了解的人的事，如亲属、同事、朋友就工作和生活中的一些事发表意见，做简短的谈话，没有想到这些谈话引起了听者的热烈欢迎。不久，他就被邀请去对许多团队进行演说。

登台演说后，他意识到自己表达水平有待提高，就找我给他培训，我才有幸了解到他的故事。后来，他经过努力，演说的才华完全释放出来，终于取得了成功，如今也是小有名气的主持人和演说家。

2. 坚持和陌生人说话，尤其是在公众场合

身边有很多人，在熟人面前活泼开朗，侃侃而谈，一遇到陌生人，就马上变成"哑巴"。如果对方不主动说话，他们宁愿忍受沉默的尴尬，也不会主动找话题。对于这样的人，如果不练习和陌生人说话的能力，到了公众场合（因为有些人在私下场合与陌生人说话会不那么紧张）时，说话就可能紧张，这会影响表达的精准度，影响沟通的质量。所以，在公众场合主动和陌生人说话对于提高精确表达能力和表达胆量是很有必要的。

我有一位朋友，喜欢参加户外登山活动。在一次活动中，他与身边两位陌生的女同伴闲聊起来，一路上对她们细心照顾。活动结束后，他留下了她们的电话。通过慢慢交往，相互了解，他将其中一位女伴发展成为自己的女朋友，如今他们已经是夫妻。

看到没有，和陌生人说话，会给你带来幸福或是其他机遇，不管你是谈话的主动发起者，还是谈话的被动参与者。不要拒绝与陌生人攀谈，但也不要疏于防范陌生人。当然，在公众场合，与陌生人说话的风险性会小很多。如果聊得来，你们可以继续交往，也许就能多交一个朋友。

3. 主动协助他人处理一些与人打交道的工作

在工作中，如果你有空闲时间，可以主动协助上司、同事处理一些与人打交道的工作。比如，和上司出去谈客户，和同事出去搞促销，和朋友出去要账，饭局前后接送重要客人，设法当各类活动的主持人，这样你就有更多机会锻炼说话能力。即使你口才好，也可以通过这些协助性的工作去锻炼自己，无形中你会接触更多的人，有可能获得意想不到的职业发展机会。

奥巴马也犯过这样的错，他取消了一次练习

经常听一些有身份、口才不错的企业高管、社会名人开玩笑说：“只要在公众面前，我就会魔力变身，马上有滔滔不绝的即兴之言。”能说出这种话，我猜测大概是因为他们身边的马屁精不敢指出他们在演讲中的问题，或是不敢催促他们练习演讲。让他们演讲前练习，简直是羞辱他们的才华。

可是我始终认为，再成功的演说家也要做足准备工作，因为没有人能打赢无准备之仗。当我把这个观点传达给他们时，他们好像不相信。于是，我不得不把2012年美国第一轮总统大选辩论这件事搬出来作为例证，以说服他们重视演讲前的准备工作。

2012年，奥巴马的辩论团队在拉斯维加斯开展一系列的辩论准备工作，当时的奥巴马演讲水平还很一般。期间，奥巴马要去参观胡佛大坝，便私自取消了一次练习。回来后，他观看米特·罗姆尼和党内对手的辩论视频以代替被他取消的这次练习。

几天后，奥巴马的首席竞选顾问大卫·阿克塞尔罗得知奥巴马取消了一次练习，便向他表明了自己的担忧，并提醒奥巴马需要集中精力练习演讲，为大选辩论做准备。奥巴马说：“别担心，我擅长临场发挥，不会有问题的。”

结果，在第一场大选辩论赛中，这位“临场专家”输得很惨。由于表现不佳，他的支持率在一夜之间迅速下跌，这让他在竞选的后续活动中一直疲于亡羊补牢。

自负是阻碍演讲成功的常见因素之一。很多人都有奥巴马那样的想法，认为自己在公众场合发言没有问题，过分自信于自己的临场发挥能力。这个事例给我们敲响了警钟，不做充分准备就想打胜仗是很难的。就连演讲大师、美国前总统克林顿也不例外。

有一次，克林顿沟通团队中的一位关键人物透露，克林顿之所以在公众演讲中表现出色，秘诀就是充分准备。如果他的日程安排太紧，准备的时间不充足，他的公众演讲效果就会受到影响。

如果你喜欢即兴发挥，在公开演讲前不做任何准备，你早晚会有同样的尴尬境遇。即便你是专业的演讲者，出丑也只是时间问题。2013 年，朱迪·福斯特在获得塞西尔·B·戴米尔奖后，所做的获奖感言证明了这一点。

“所以，我要做段自白，我突然有股冲动，想说一些我从来没有机会在公开场合说的内容。所以，要宣布这件事，我其实还有点紧张，但是我的助理现在肯定比我还紧张，对吧，珍妮弗？但是我只是想告诉大家我的想法，对吧？响亮地说出来，对吧，所以我需要你们的支持。”

“我是单身，没有错，单身。没有啦，我在开玩笑，但是我不是真的在开玩笑，算是半开玩笑吧，我是说，谢谢大家的热情。谁能给我点鼓励？天哪，说真的，大家别失望，我可没有准备什么华丽的登台演讲。很久很久前，那个脆弱的年轻女孩只跟她的朋友、家人和同事倾诉心声，然后慢慢地扩展到每个认识她的人，接着是她遇见的每个人……”

看完这两段获奖感言，你知道福斯特在讲什么吗？我实在总结不出来她讲话的中心。很明显，她没有做好准备工作，事先没有进行练习。

很多人一辈子都没有几次登台演讲的机会，但我们要工作，少不了拜访客户、合作谈判，其中还有特别重要的客户。与重要客户见面虽然不算公众演讲，但场面可能比较大、对方人比较多，或谈论重要的事务，你的表达是否精确很重要。要想给客户留下好印象，并把事情办成，绝不能忽视提前准

备和练习。

我的一位客户在参加活动时，被客户要求“说两句”。这种简单的“说两句”让他伤透脑筋，因为他一点儿准备都没有，结果站起来有点犯傻，支支吾吾半天，说话语无伦次、不知所云，搞得气氛很尴尬。事实上，这种意想不到的讲话是可以提前准备的。

1. 准备好你的故事

在表达中，你用到的大部分素材都应该是以故事的形式出现。原因如下：与平铺直叙相比，故事讲起来更自然、更有趣，而且可以更好地吸引听众。考虑到各种需要你即兴发挥的情况，建议大家准备一些不同类型的故事，以备不时之需。

（1）闲聊故事。

根据人们经常问的问题，准备几个有意思的回答。比如，你有孩子吗？你是哪儿的人？你做什么工作？你喜欢目前的工作吗？你是怎么入行的？

（2）顿悟故事。

每个人都应该准备一两个顿悟故事，即生活给你的启发，或你对工作、家庭、人生等方面的感悟。好的顿悟故事可以引发共鸣，拉近与听者的心理距离，让听者觉得与你是同路人。

（3）时事故事。

这类故事证明你没有自我封闭，不是活在自己小圈子里的人。针对时事新闻发表个人看法，同时也要尊重别人的不同看法。我建议大家每天要看报纸，现在可以用手机看新闻，最好了解一些别人可能感兴趣的时事，在正确的时机、用正确的方式精确地讲出来。

2. 预测可能出现的问题

在网球比赛中，在对手挥拍的瞬间，你就应该判断球的落点位置。如果你等到对手出球后，再根据球的落点去跑位，你就会慢半拍，这足以让你陷入被动。

在沟通表达中，我们经常会犯这样的错误：对方说完了，我们才开始考虑怎么回答。边想边说，很容易出错，比如，结结巴巴、前言不搭后语、逻辑混乱。如果你能预测问题的走向，就需要格外注意对方开场表达的内容。

比如，客户问你："我知道你已经决定拓展华东市场，很多人猜测贵公司打算把广告投放到这些市场。关于贵公司在华东市场的投资，你有什么看法?"

大部分人听到最后一句话，听到对方的问题时，才开始思考如何回答。沟通高手不会这么迟钝，他们在对方一抛出这个话题时，就预测到对方要问什么问题，并迅速思考怎么回答了。

通过句子的开头预测问题后，你要思考两个问题：

(1) 我的看法是什么?

(2) 我该怎样表达? 是举例子，还是讲故事，还是列数据?

做好这两方面的工作，可以帮你避免回答时思路不清、中心不明、逻辑混乱。

3. **预防突发问题**

如果你是公司的一名普通员工，那么公司出现了突发事件，并且老板让你"说两句"，出现这种情况的概率也许和中 300 万彩票的概率一样低，但并不代表不会发生。万一哪天你遇到了这个挑战，你却搞砸了，可能就错失了一次赢得老板青睐的机会。

别跟我说"我不知道准备回答什么问题"，因为公司如果出现了突发问题，那么"怎样解决突发问题"就是老板最关心的。如果你和老板在一起开会，而且你已经提前了解了会议内容，你还能不知道如何准备吗?

当你被老板叫起来"说两句"时，我劝你最好别用"不痛不痒"的回答来敷衍，因为谁都看得出来你在明哲保身、逃避责任。如果老板特意征询你的意见，说明他希望听你说真话，而你却用"虽然如此……但是……"这样的回答去敷衍，那样效果就差远了。我建议，你的发言既不能表现得太过中庸，也不能马屁拍得太响。

(1) 你最好立场坚定、观点鲜明、论据扎实，这总比支支吾吾说一堆

“假大空”的话强。为此，你要准备一些有说服力的论据，包括事例、数据、故事等。

（2）即使在你发表看法后，老板的想法与你完全相反，你也不必惊慌失措地否定自己的看法：“你们误会了，其实我的想法跟老板一样。”明智的反应是：“我知道管理层的普遍想法，我只是从另一个角度分享自己的看法。”

如何才能精确地记住演讲的内容

很多客户跟我说："我怎样才能把要讲的内容记下来？为什么我把讲话稿背得滚瓜烂熟，但一上台就会忘词，然后卡壳呢？"他们力求完美，讲话前做了非常细致的准备，希望到时候发挥得和计划一丝不差。这种准备意识很好，但每次都把要讲的内容都背下来的准备方式有待商榷。

我宁愿大家不那么追求形式上的完美，而是更注重讲话内容的精确传递。在我看来，真实、自然、友好、热情的表达才是完美的表达。而先死记硬背然后去表达，与这种表达模式有些格格不入。

如果你的工作不是给电视节目写稿，或不知道如何写出真正的稿子，那就真的没有必要坐在计算机前苦思冥想出一篇讲话稿来。因为你这样做只是在给自己的内心寻求一种安慰，你的讲话稿只是写给自己看的。

当你站在众人面前讲话时，事先写的稿子与你要讲的往往会出现分歧，这就是所谓的"忘词"。一旦忘词了，你就会去努力回忆讲话稿中的词，于是你就会卡壳；卡壳后，你会紧张；在那种场合，你只要紧张了，你的语速就会不自然地加快……这是一个恶性循环（见图7）。

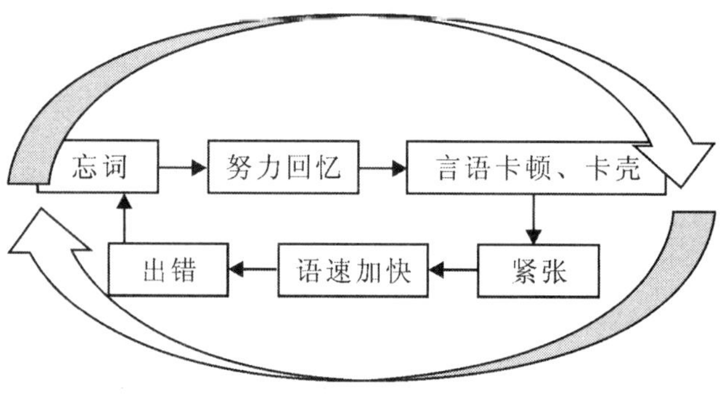

图7　因"忘词"而造成的表达恶性循环

我建议，以后在准备讲话的内容时，按照下面三个步骤去做：

1. 在纸上列出完整的讲话提纲

建造房子或生产一款产品需要设计方案，讲话也需要发言大纲。否则，我们就无法进行公开演讲。别看顶尖演讲大师在台上闲庭信步，就以为他们完全是在即兴发挥。事实上，他们的讲话是建立在事先列大纲的基础之上的。否则，会出现什么情况呢？

有一次，有着“摩城女王”之称的戴安娜·罗斯回母校拍摄一部宣传片，很多学生及其家人、教职员工和校友都聚集在翠绿的山坡上，每个人都翘首以盼。当她走上讲台，准备给大家讲话时，很多人都在想：哇，终于有机会见识专业人士演讲了。

她只讲了六七分钟，但让很多人感觉像一个小时。她的演讲结构零散、思路混乱，没有任何实质性的内容。这位巨星最少说了六次“实在抱歉，我本来计划的不是这样”。

可问题就在这里，她根本没有计划，没有提纲。而另一种极端是死记硬背演讲稿，我不建议大家这么做。否则，听众会觉得很死板。对稿子的依赖程度越高，你就越难发挥出自己的语言风格，也越难精确地表达自己的意思。我建议还是留一点自由发挥的余地比较好。

（1）开头——准备一两句精彩的开篇语，开门见山、直截了当地突出你讲话的中心。

（2）中间——简要地列出你要讲的几大点，点与点之间或存在并列关系，或存在递进关系，一定要避免点与点之间的逻辑关系混乱。讲完一点后，灵活地使用过渡词。

（3）结尾——用一两句话总结你的讲话，记住一个原则：言简意赅，拒绝冗长。

2. 照着提纲去练习讲话，并使用手机录音或录像，记录你的练习过程

列好讲话大纲后，从前到后阅读几遍，默默地体会一下。然后，拿出手机，开到录音或视频（建议用视频，这样可以看到你练习时的神态和身体姿势等），放在合适的位置，或叫上别人为你录视频。在大纲的规范下，去自由发挥你的演讲。

3. **回放录音或视频，把录音或录像内容写在纸上**

观看视频，找出你神态、身体姿势上的不足之处，提醒自己去调整。把视频中你讲话的内容写在纸上，看哪些地方需要修改用词，或调整语序。如果你对自己在视频中的讲话还满意，那就没有必要将内容写下来，直接多听多看几遍，强化即可。

这样，你就有了一份讲话稿，根本不用坐在计算机前抓耳挠腮。不过，按照这个思路准备出来的讲话稿只是为你讲话提供参考，让你在练习的时候有一个固定的思路。

另外，我要提醒大家一点：不能照着背或照着念。真正的讲话稿应该具有互动性和个性色彩，还要有听众共鸣的内容。因此，在对公众讲话时，你要不时地用视线与听众互动交流。如果你低着头念稿子，那对不起，你的讲话根本没有影响力。

当然，我能理解那些不看稿子讲话就紧张的人，他们害怕把目光从听众身上转移到稿子上时，不知道讲到了什么地方。为了解决这个问题，你可以把字号设置大一点，这样就能快速定位了。

如今，高科技产品给我们的工作和生活带来了很多便利。在面对公众讲话时，你可以把演讲稿放在平板电脑里。还有一些应用软件，可以根据你的需要设定滚屏的速度。如果你觉得速度不合适，只需用手指在屏幕上拖动一下就可以调整。我认识很多客户，都在使用这种方便快捷的产品，建议你去试一试。

4. **去现场彩排**

这一点是针对公开讲话的，如果你有这样的机会，那绝对不要忽视。大多数出色的演讲者，绝不会把一次演讲当成即兴发挥，他们会在演讲前去适应场地，在现场进行彩排。就连大名鼎鼎的、被称为全世界最会演讲的

人——乔布斯，都会在演讲开始的前一天至少进行三次带妆彩排。

在《苹果往事》这本书中，乔布斯在每一次产品发布会前，都会提前两周把会场租下来，然后一直深入到演讲会的每一个细节，详细准备每个方面，认真地排练。他要求做到完美，如果准备工作稍有出入，工作人员就会被他臭骂一顿。

你是否也该反复练习很多次，而不是把机会留给运气呢？大量的彩排会让你很难受，我也有过练得自己想吐的时候，但我总会用一句话来安慰自己，现在我把这句话分享给你："当任何时候你觉得难受了，恰好是你脑子进化的时候；当你觉得轻松时，其实你是在使用以前的坏习惯。"

第 3 章

惊人的第一句：把最好的内容放在开头

把最好的内容放在开头，特别是一些点明主题、说明重点、吸引眼球、发人深省的话。这样可以轻松获得听众的注意，吸引他们听你继续往下讲。所以，好的开头总是表现为惊人之语，而糟糕的开头莫过于让听众觉得你的话毫无价值、毫无趣味。

关键要说好第一句话

这是我一位在杂志社工作的朋友的经历，他是这样跟我讲述的：

那天老板找我谈话，当我走进他的办公室时，他正在低头看杂志的销售报表。见我来了，他随手一指，说："坐下。"那语气和神态，好像在说："你最好给我老老实实坐好听着。"

他深吸一口气，说："你的合同还有两个月就要到期了，公司一直在考虑你们在杂志出版中的贡献和作用。我们分析了每位编辑的采访数量和撰稿质量，也评估了你与同事们的表现。你知道的，这一行业竞争很激烈，我们每天都会收到十几份求职简历，这些人恨不得马上取代你。"

我几乎没有怎么听他讲话，因为他的话让我感到气氛不对劲，好像公司有裁掉我的意思。

他大概又讲了30秒，然后总结道："综合以上所有因素，我们决定和你再签为期3年的合同，并且给你加薪30%。你考虑一下，明天给我答复！"

我心想：这么好的事情还需要考虑吗？我当即对老板说："我很喜欢这份工作，在这里我的价值得到了发挥，我不用考虑，现在就可以和公司签续约合同。"

朋友说，他当时有掐死老板的冲动。因为老板卖了那么大的关子，最终只是想告诉他一个好消息，他甚至怀疑老板是故意在折磨他。的确，原本第

一句就能说出关键，为什么要东拉西扯一大堆呢？如果对方不是老板、上司，谁还有耐心听下去？

在我们身边，不重视说好第一句话的人不在少数，虽然他们大多数不是有意为之。但是，说话拖沓磨蹭，迟迟不点明主旨是不会有好结果的。

有一次，我去医院看望一位朋友。我走到医院服务台时，看见一位患者与服务人员争吵着。我这个人好奇心强，看见这种情况就想知道原因和事态怎么发展。我听了几秒钟，就发现了端倪：

原来，那位患者在网上预约了皮肤科的一名知名专家，取号时因为系统故障，号被自动退了。患者找到前台人员说明情况，服务人员却说："没有办法，只能重新预约！"患者听了这话就来气了，质问对方："是你们系统出了故障，为什么要我重新预约？"结果，双方争执起来。

突然，一位医生走了过来，对患者说："对不起，是我们工作不周，给你带来了麻烦，责任在我们。我带你去找预约的医生，向他说明情况。"患者听了这话，马上消了气。

第一句话没有说好，能立刻把听者的愤怒情绪点燃。第一句话说好了，能把不良情绪化解在萌芽状态。这就是说好第一句话的威力。当然，第一句话的威力不仅限于此，它还决定着一次讲话、一次演讲的整体效果。

不论你在日常交谈中，还是在公开演讲中，开场的第一句话，或者说开场后的30秒，相当于足球比赛的补时2分钟，这2分钟决定着一场球赛的胜败。同样，你在开场后的30秒讲了什么，是听众是否愿意继续认真听下去的关键所在。

如果你第一句话说了有吸引力的内容，听众的注意力就会被你的讲话吸引，他们会迫切地期待你继续讲下去。反之，听众就很容易走神，或盘算着怎么脱身。

其实，说好第一句话总的原则是亲热、贴心、消除陌生感。常见的第一句话模式有这样四种（见图8）：

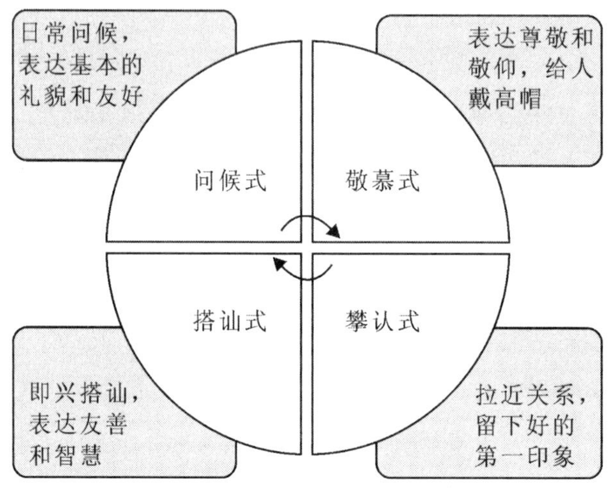

图8　四种常见的第一句话对话模式

1．问候式——日常问候，表达基本的礼貌和友好

“你好”是最常用的问候语，在运用时若能根据对象、时间、场合的不同，灵活地变化，效果会更好。比如，对德高望重者，最好说“您老人家好”，以示敬意；对年龄与你相当者说“张哥好”“李姐好”，以兄弟姐妹相称，显得更亲近；对方是公司领导，你可以称呼他的职位，比如“赵总好”“李主任好”；如果在节日期间，你可以用“称呼＋节日好”来问候别人，比如“王老师，节日好！”“李先生，新年好！”，给人以祝贺节日之感。

2．敬慕式——表达尊敬和敬仰，给人戴高帽

初次见面，你可以向对方表达尊敬和敬仰，尤其是面对前辈时，更应该热情地表达仰慕之情。比如，“我看过您的著作，受益良多，想不到今天能在这里和您见面，真的很开心！”记住，在表达敬慕时，用词要贴切，切勿胡吹乱捧，比如，“久仰大名，今日一见果然不同凡响。”这样的敬慕之言就有言过其实之嫌，对方会觉得你矫揉造作、虚伪逢迎。

3. **攀认式——拉近关系，留下好的第一印象**

1984年5月，美国总统里根访问上海复旦大学。在一间大教室里，里根与100多位复旦学生见面。他第一句话是这样说的："其实，我和你们学校有着密切的关系。你们的谢希德校长和我的夫人南希，都是美国史密斯学院的校友。照此看来，我和各位自然也就都是朋友了！"此话一出，全场掌声雷动。接下来的交谈自然十分热烈，气氛非常融洽。

说好第一句话能赢得对方的好感，迅速地拉近彼此之间的距离，为双方进一步沟通开个好头。你只需留意你与听众的关系，或同乡关系，或校友关系，或亲戚关系，或同行关系。如果没有这些关系，不妨学学里根，通过第三者、第四者牵线搭桥来攀关系。甚至明明没有关系，也能攀上关系，比如："你是湖南的，我是湖北的，两地近在咫尺。今天能碰巧遇见，也算很有缘！"

4. **搭讪式——即兴搭讪，表达友善和智慧**

在偶遇的场合，遇到令你感兴趣的人，或在客观条件局限的情况下，你不得不与别人打交道时，你可以即兴发挥，与人搭讪，但要表达友善，才有可能消除对方的戒备心理，赢得对方的信任和好感。

比如，当你走进一家餐厅，发现里面没有空餐桌时，你只好走到已有一位女客人的餐桌旁，这时你的第一句话可以这样说："请问，我可以坐在这里吗？"一般情况下，对方不会介意，这时你应说："谢谢，打扰了！"

假如你想驱散彼此之间的陌生感和尴尬心理，你不妨与对方继续聊天，你可以说："小姐，看你点的菜，你应该是一位来自湖南的辣妹子，对吗？"如果对方被你言中了，并为你的"好眼力"而高兴，你们就可以融洽地聊起来。这样一问一答，两人边吃边聊，说不定能成为朋友。

开场白这么说，你就糗大了

想让你的讲话引起听众的兴趣，并使之产生持续不断倾听的愿望，其实很简单，那就是设计好开场白。开场白讲得好，听众会想：看来后面的讲话很精彩，我得认真听下去。反之，听众会产生这种想法：天啊，怎么又是老一套，能不能有点新意，我都快吐了。别笑，糟糕的开场白确实有使听众反感的功效，不信你就试试下面的几种开场白，保证会从听众脸上看到厌烦情绪。

1. 官话套话式开场白

这种开场白经常被领导人使用。他们一开口就是官话、套话、空话，你不是领导，相信你也见识过这种开场白的杀伤力。例如："尊敬的领导、各位来宾，金秋十月，秋高气爽，秋意盎然，今天我们在这里隆重举行××会议，现在我宣布会议正式开始。"天气好坏与会议有什么关系？莫非下雨、下雪就不开会了？

2. 满口道理式开场白

满口道理式开场白与官话套话式开场白也同样让人讨厌，它同样经常被领导使用。

3. 流程介绍式开场白

这种开场白无处不在，乏味冗长，比如："大家好，今天我要给大家讲一讲怎样实现精确表达，我们会看一些真实的案例；接着我将为大家讲一讲精确表达的具体方法；最后我们来进行演练。"

3. **时间安排式开场白**

和流程介绍式开场白差不多，时间安排式开场白也很老套。几个月前，我应邀前去为一家企业的高管进行沟通的培训，同时被邀请的还有另一位讲师。有幸听到第一位讲师的开场白："在接下来的三天里，我们将要……第一天……第二天……第三天……"天啊，这简直要命了。

4. **感激涕零式开场白**

一开口就是感谢 CCTV、辽宁卫视、MTV，让一大串人都受到跪拜。比如，"感谢在场的××领导、××领导，感谢在场的观众，感谢大家给我这个讲话的机会。"如果我是观众，听到这样的开场白，我只想说："我真的受不起!"而且事实上，我也没有给你这个讲话的机会，到底是谁给了你这个讲话的机会，你在心里感谢他就可以了。

5. **间接铺垫式开场白**

这种开场白往往说了一大堆，绕了一大圈，才点明主题。想不想改掉这种开场模式？办法很简单，删掉讲话稿的前两段，直入正题。这样的开场白会让听众大吃一惊，不信你可以试一试。

比兜圈子更糟糕的是，用离题万里的故事开场，然后从这个故事中引出要讲的话题。原本用故事开场具有深入浅出、发人深省的优势，可你倒是找个贴切的故事啊，为什么要用一个八竿子打不着，或者八竿子很难打着的故事去开场呢？这不是跑题是什么？

6. **表达歉意式开场白**

有些人的开场白很有个性，一开口就向观众表达歉意，比如，"很抱歉，我将只能简单地为大家讲几句，因为我的时间很紧。""很抱歉，我是临时被安排的，没有充分的时间去准备，我就简单讲两句。"

真的有必要道歉吗？除非你不小心碰倒了讲台，或熄灭了大厅的灯光，否则，你不需要道歉。听众不想听到你的道歉，他们想听到有价值的内容。他们怀着热情听你讲话，你开口就道歉，会让他们觉得没有劲。

7. **消极否定式开场白**

"但愿大家不觉得听我讲话是浪费时间，但我确实没有什么准备……"

“对于这个主题，我感到力不从心，甚至不知道从什么地方开始讲……”

这样的开场白或多或少有一些谦虚的成分，但给人的感觉就是你没有自信，你在否定自己。而且你也在否定听众，因为听众会觉得你一点儿都不重视这个讲话，一点儿也不重视他们。这样的开场白无异于自杀。也许你有些紧张，害怕把一次正式的讲话搞砸了，但请收起你的自我否定性的言辞。

8. 低级玩笑式开场白

用笑话开场，可以缓解紧张气氛，让听众感到轻松。可有些笑话很低级，而且与讲话主题没有什么关系，让人不知所云，这样的笑话就很可笑了。有一次，我在某电视台参加一档节目，主持人在介绍一位喜剧演员时，是这样开场的：“去死很容易，但是要演好喜剧很为难，可有个喜剧演员克服了这种困难，他就是……”

把听众逗笑并不难，只要你的幽默与你的讲话主题相关。把听众逗笑也不容易，因为一旦你的笑话与主题不相关，那就弄巧成拙了。所以，用低级笑话开场是一个命中率较低的赌注，稍有不慎就会搞砸。

9. 另眼相待式开场白

有些人在演讲的开场白中，特别喜欢提及那些坐在台下的重要人物，他们或是领导人物，或是学术权威，或是德高望重的人。在我看来这种开场白就是区别对待听众，不断提及重要人物，意味着对普通听众的轻视。当你充分表现对重要人物的尊重和关注时，你就会失去大多数普通听众的好感。

10. 生涩名言式开场白

有些人讲话时喜欢用一些名言警句作为引子，这样不仅可以生动、精确地表情达意，也可以增强语言的文学色彩。但是，过犹不及，有些人喜欢用生僻的名言警句开场，以表现自己的文学功底。比如，引用两句古诗“周虽旧邦，其命维新”，讲完后也不做解释，也不顾听众是否能听懂，一味地追求辞藻的华丽。这种开场白让人觉得讲话者在卖弄学问、故弄玄虚，很招人烦。所以，引用名言警句，尤其是古诗词，一定要谨慎，要确保恰到好处，还要保证让听众听懂。

以上 10 种开场白是不是听起来很耳熟？许多人讲话都是这样开场的。这些开场方式有一个共同特点，那就是让听众感到无趣、没有价值，是让听众走神的最快方法。要不了几分钟，听众可能就会开始想：我家里的衣服有没有洗？车库的车门有没有关？中午吃什么呢？

也许有人会说："很多人都是这样开场的，包括一些培训专家。"不错，这是事实，我想说的是：我并没有对那些专家不敬，我只是对这种开场白不苟同。理由很简单，这些开场白太老土、太过时了，大家都在用，于是你也用，听众一听，就会觉得你的演讲也不过如此。所以，想让你的演讲吸引听众，千万别像上面那样开场。

开场白表达不精确，那是因为没有用上这几招

我曾经培训过一位企业高管，培训的第一天，他就告诉我两天后要出席一场有很多企业界 CEO 参加的晚宴，而且要致开场词。他把起草的致辞念给我听，让我给他一些建议："秋风送爽，金菊飘香，在这美好的日子里，感谢大家从百忙中抽出时间参加今天的宴会，下面我来介绍一下今天的宴会流程……"

"等一等，先停下来。"我及时打断了他，"你是去致开场词的，不是去做主持人的，是这样吗?"得到的回答是肯定的。"既然是开场致辞，那就不要介绍宴会流程，那是主持人干的事情，你要做的就是简单地提炼一下今天活动的主题或意义，或是你的感受，你觉得呢?"他表示认同。

经过指导，他最终的开场词是这样的："金秋时节正是桂花飘香的时候，我不知道大家有没有同感，看到城市的车流与道路两旁的桂花交相辉映时，会不由自主地沉醉其中。今晚，有些宾客远道而来，有些宾客生活在这个城市。无论你们来自哪里，我只想对大家说：相聚于此就是缘，让我们珍惜今天的相聚。"

结果你猜怎么样？他回来兴奋地告诉我，当他讲完话，全场掌声雷动。

当你听完别人表达精确的精彩开场白，再想想自己蹩脚的开场白时，其实你不必沮丧，因为也许你只是还没有用上下面这几招（见图 9）：

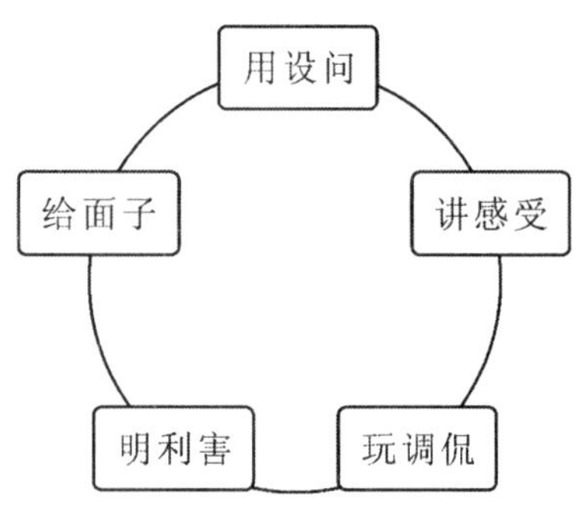

图 9　5 种表达精确的精彩开场白

招法1：用设问

设问是制造悬念的一种有效手段，提问后，略作停顿，或卖一卖关子，再揭晓一个令人恍然大悟的答案，这样听众的情绪就很容易被调动起来。

2008年7月，时任台中市市长的胡志强访问厦门大学，并发表演讲。他的开场白是这样的："我一直说，回到厦门就像回到了家，大家猜猜我回家后做的第一件事是什么？"听众的情绪被这句提问调动了起来，他们饶有兴致地猜测着答案。这时胡志强说："当然是脱衣服啦，天太热了嘛！"说着他就把西服外套脱下来放在一边。这一举动引起了全场师生们的一片笑声，记者也纷纷上前拍照。这时胡志强指着记者说："不要再拍了，再拍我也不会脱了。"这又引起全场观众的一片哄笑。

胡志强的开场白就简单的三句话，但很好地活跃了现场气氛，吸引了听众的注意力，使他后面的演讲受人期待。这个开场白用的就是设问。在运用这个方法开场时，要注意：

（1）提问要简单，应该是让大家都能去思考，也能够得出答案的问题。如果问题太难了，大家不知其所以然，也不会参与到思考中去，反而会觉得你在卖弄学问，产生反感情绪。

（2）提问中，要略作停顿，然后揭晓答案。记住，停顿时间不要太长，否则可能使现场冷场，或者会引起听众七嘴八舌地议论，让现场乱糟糟的，这会影响听众注意力的集中。

（3）揭晓的答案是那种类似于脑筋急转弯的答案，这样才有幽默效果。

（4）随机应变，根据观众的反应灵活发挥。比如，胡志强那句"不要再拍了，再拍我也不会脱了"，就属于灵机一动的回应。

做好以上4点，你在运用设问进行开场时，就很容易讲出别出心裁、不落俗套的话。

招法2：讲感受

说实话，我有点紧张，因为我妻子问我："你看过TED讲坛吗?"我说："我当然看过，我超爱这个节目。"她又说："能上这个节目的都是非常聪明、非常有才的人……节目组可不想找一个……愤怒的黑人!"（观众笑了）我说："放心吧，亲爱的，我会好好表现的，我保证。"（停顿了三秒）说真的，当时我很生气，因为我看到了自己手背的肤色。

这是杰佛瑞·加纳达在TED教育讲坛的演讲开场白。这个开场白就是在讲感受，它的成功主要有以下几点：

第一，通过讲一件趣事来表达自己的感受。

第二，承认了自己的弱点——紧张，分享了夫妻之间的聊天内容，从而拉近了与观众的距离。

第三，这段话的亮点"我很生气"，不仅是故事的收场，还是正常演讲的主题，因为在后面加纳达要讲的是美国的教育改革问题让他很生气、很愤怒。

通过这个案例，我们可以总结出运用"讲感受"开场应该注意的要点：

（1）讲感受与趣事、小故事结合起来。

（2）分享自己生活中的事例，以拉近与听众的距离。

（3）想办法将你的感受、趣事等，与你讲话的主题联系起来，而且最好能直击讲话的主题。

招法3：玩调侃

在一些严肃的场合，反其道而行之，来一点小调侃，制造一点幽默，会取得很好的开场效果。

2016年3月24日，俄罗斯总统普京在克里姆林宫会见到访的美国国务卿约翰·克里。普京的开场白充满了调侃的意味："当我见你自己拎着行李走下飞机时，我真有点儿纳闷，一方面，这的确显示了平等，但另一方面，如果

连国务卿的公文包都没有人帮着拿，美国肯定出事了。”

普京接着说：“美国经济其实搞得不错，财政支出也没有显著缩减，然后我就琢磨着，你很可能在这个公文包里放了什么珍贵的东西，不放心让任何人代拿。”这个开场白让会面的气氛变得轻松起来。

在运用“调侃”的招法开场时，要注意几点：

（1）要注意调侃的内容，切勿调侃宗教信仰、种族肤色、民俗禁忌等方面的东西，小心弄巧成拙，制造不愉快。

（2）调侃要浅显易懂，避免太生涩难懂，否则，对方可能理解不了，不仅达不到调节气氛的效果，反而容易引起不必要的误解。

招法4：明利害

人都有趋利避害的心理，如果我们能在开场白中说明利害关系，说明利益冲突，那就很容易吸引听众的注意力。尤其是在谈判、推销中，一开场就说明利益，成功的概率就会高很多。

打印机推销员打电话对客户说：“王总，现在激光打印机的价格便宜得几乎要白给了！原先一台的价格，现在能给您三台！”

客户马上问：“真的吗？现在多少钱一台？说来听听！”

机械设备推销员见到客户说：“陈主任，我们的设备一年可以给您节约20万元的生产成本，有没有兴趣？”

客户：“不可能，怎么个节约法，你说给我听听！”

新型散热器推销员拜访客户时说：“马经理，我们的散热器能让你的房间多出两平方米来！”

客户：“开什么玩笑，你会变戏法吗？我倒要听听你是不是在吹牛！”

上面这些开场白都是在向客户说利益，是迅速吸引客户注意力的有效策略。因为客户最关心的就是自己的利益，谁会跟利益过不去呢？所以，不管是与客户谈生意，还是公开演讲或平时聊天，只要你说出能给别人带来什么好处，别人就不可能拒绝听下去。

（1）对客户的开场白，所说的利益，一定要明确具体，比如，能给客户一年带来30万元的收益。

（2）开场除了说“趋利”，还可以讲“避害”。比如，帮客户一年节省200万元，节省也是一种收益。

（3）除了金钱上的损失，还有其他方面的损失，都可以在开场白中明确指出。

（4）在说利害时，力求言辞通俗，简洁明快。

招法5：给面子

人都有虚荣心，都渴望得到尊重，因此，在与人交谈时，如果能在开场白中体现出对他人的尊重，会让人感到有面子，那么接下来的沟通就会顺利很多。这一招既适合用在与客户的交谈中，也适合用在与同事、朋友乃至陌生人的交往中。

广告公司的业务员对客户说：“岳经理，我注意到您公司近一年来都在××广告公司投放广告，从来不在我们广告公司投放广告，我想这其中一定有您的道理，是不是我们公司哪方面做得不好？您能否给我们提一些意见呢？”

客户听了这话，笑着说：“其实也不是你们公司不好，主要是我们……”就这样，双方很顺利地聊开了，而且客户心里很愉快。这就便于业务员了解其中的原因，从而有针对性地采取应对策略。

再比如，在求人办事时，如果一上来就说“你可以帮我一个忙吗？”就显得很突然，如果对方跟你不是很熟，往往就会拒绝你，或对你产生防范心理。但是，如果你对他说：“你有时间吗？有件事我想听听你的看法！”这样说对方就比较容易接受，如果你们聊得愉快，你再顺势让对方帮忙，对方就很可能会答应你。

在运用给面子的招法来开场时，应注意几点：

（1）给面子不要过头，例如，“很早就听说您的大名了，早就想来拜访您，可一直没有时间……”这是赤裸裸的恭维，会让对方感到你很做作，反而会引起对方的抗拒和反感。而说“你是我的前辈，今天来这边办事，顺便过来看望你……”这样更能拉近彼此的心理距离。

（2）先请教别人，在沟通中多认同对方，赢得对方的好感后，再抓住合适的机会表明你的目的，或推销产品、或求人办事、或与人合作。当然，也可以不带目的，只是单纯地和别人交谈。

像记者写新闻稿那样设计开场白

看新闻报道时，你注意过新闻报道的第一段是怎么写的吗？优秀的记者会把最吸引人的内容放在第一段，这一段就是一篇新闻报道的开场白。这样可以吸引观众继续往下看。好的开场白应该有吸引人注意力的内容，或出人意料，或惊世骇俗，三言两语就说明主题，指出关键，这样才能激发听众听下去的欲望。

让我感触最深的开场白是这样的：

①简短——由一两句话构成，能够快速传播。

②悬念——能够激发听众的好奇心，可以用故事或爆炸性、刺激性的内容作为开头。这些内容会立即引发听众思考，从而达到我们讲话的目的，最好能让听众产生“你说的这些话是什么意思”的想法。

③新奇——避免用陈词滥调的内容，要让听众产生“这些内容挺新奇的，我从来没有听过”的感受，尝试一些意想不到的风格，这样可以避免听众分神。

我把具备这三个特点的开场白称为诱饵式开场白，或者叫诱导式开场白。就像用诱饵钓鱼那样，开场白中的诱饵是为了吊住听众的胃口，让大家集中注意力，继续听下去。既然是诱饵，它的内容必须有足够的吸引力。

不过，没有必要为了同时满足这三个特点而费尽心思地设计开场白，你只需要把它们当作一种设计开场白的思路和指导，同时结合你所要讲的具体内容来设计开场白。在这方面，苹果公司联合创始人史蒂夫·乔布斯就很有

心得，他的开场白总能推陈出新，经常让听众为之一振。

有一次演讲，乔布斯的开场白是这样的：

“大家好，我是史蒂夫·乔布斯。”试想一下，赫赫有名的企业界精英，其姓甚名谁大家都很清楚，完全不必自我介绍。可乔布斯偏偏反其道而行，这样介绍自己是对在场观众的尊重，非常出人意料。

等观众的笑声和掌声平息下来后，乔布斯接着说：“1958年，IBM错过了购买一家年轻企业的机会。当时这家企业发明了一项新技术——静电复印技术。”在简单介绍自己后，乔布斯马上直奔主题，没有任何拖泥带水。进入主题的速度之快，再次超乎大家的想象。

很多人可能觉得，像这样的大人物，在公开讲话中怎么也得说几句客套话，可乔布斯是谁？他绝不会这样做。乔布斯的这个开场白满足了“诱饵式开场白”的两个特点——简短、新奇。

下面，我们再看一个开场白，它满足了诱饵式开场白的“悬念”这一特点。

“在每年进行的‘你最害怕的事物’评选中，有三件事常年占据着前三名的位置。排在第一位的是死亡，排在第三位的是坐飞机。（略作停顿）而排在第二位的这件事，可以让一向自信的成功人士感到万分焦虑——公开演讲。从明天开始，我希望你们都能摆脱对这件事的恐惧，因为这项技能就像一份唾手可得的财富，大家不能因为恐惧和紧张就让它成为负担。”

看看这个开场白，是不是很有悬念？演讲者不按常理出牌，他先讲排在第一位和第三位的，再讲排在第二位的。而且言辞很有个性，能振奋人心，给听众以很好的听觉感受。这就是诱饵式开场白的神奇功效。

在运用诱饵式开场白时，为了更好地制造悬念、诱惑，以刺激、诱导听众集中注意力，继续往下听，我们有必要注意这样几个技巧（见图10）：

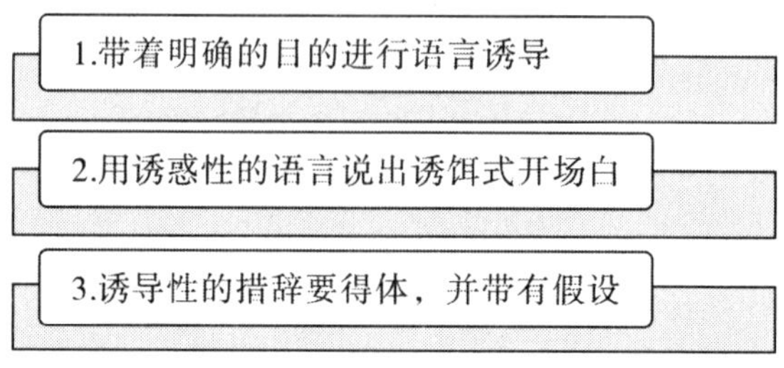

图10　运用诱饵式开场白的3个技巧

1．带着明确的目的进行语言诱导

在运用诱饵式开场白时，我们必须有明确的目的，而不能随意发挥。例如，你拜访客户，想向客户推销你的减肥产品，在设计开场白时，就可以这样暗示客户："张小姐，想象一下，使用了这款产品后，身材纤细，整个人都轻松了，再也不用担心那些高热量的食物，那会是怎样一种感觉呢？"记住一点：暗示的话语要与你讲话的主题结合起来，要设法围绕你的谈话目的展开。

2．用具有诱惑性的语气说出开场白

用不同的语气说话，会给听众带来不一样的感受。有些人说话时语气比较强硬，尽管他们并没有恶意，但给人的感觉是带着"攻击性"的，用这种语气说话，即便开场白的内容很有新意，很有悬念，也难以制造出诱饵式开场白应有的效果。建议大家在说出诱饵式开场白时，尝试用诱惑性的语气，外加一点儿神秘的表情，往往更能吸引听众的注意力。建议变化说话的语气和腔调，该高音时提高嗓音，该降低音量时降低音量，一高一低之间配上神秘的表情，对方就很容易被你的讲话吸引。

3．诱导性的措辞要得体，并带有假设

在运用诱饵式开场白时，一定要斟酌措辞，充分体现出对他人的尊重。例如，销售员对客户说："在你打算拒绝我介绍产品前，花几分钟感受一下我们产品的功效如何呢？"这样就会一下子将客户的注意力引导到是否要感受产品的功效上，而且还假设他会试用产品。这样就比说"别着急拒绝嘛，你还不知道我们产品的功效呢！试一试有什么关系？"的效果好。

再比如，“在你完成这项计划前，我想和你讨论一点儿东西。”这句话就是在假设你将会完成这项计划，有一种间接肯定你的感觉。“你打算多快做这个决定呢?”这里的暗示带有一定的假设，那就是假设你会做出这个决定，只是时间早晚而已。类似这样的暗示性、诱导性的话语，看似简单，其实藏着学问，在运用时要融会贯通，多去酝酿和体会。

你的故事就是最好的头条

许多善于精确表达的人，在最初的表达实践中，都体会到一个事实：说话一开始就深深吸引听众是很不容易的。因此，第一句话很重要。

如果你问我："第一句话说什么最能吸引听众呢？"我会说："说你自己的故事。"这样的故事有三类（见图 11）：

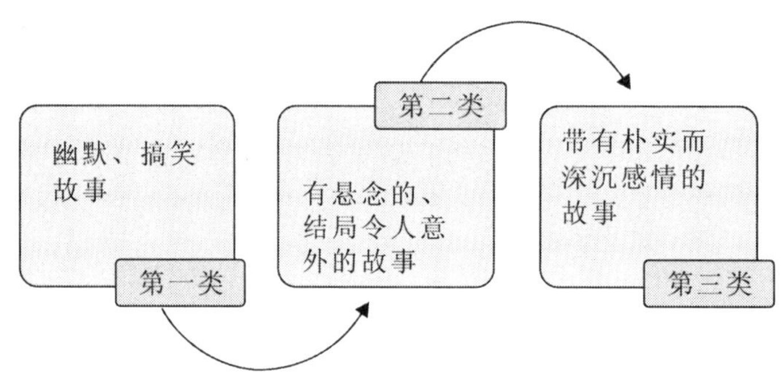

图 11　适合作为开场白的三类故事

第一类：幽默、搞笑的故事。

幽默、搞笑，甚至狗血的故事，总能让人听后捧腹。这类故事的吸引力之大，毋庸赘言。

饭桌上，朋友问迈克尔怎么还不找对象。迈克尔说："前几天，我妈也问过我这个问题，她说我还不找对象，是不是想打一辈子光棍。我说总有一个对的人在对的地方等着我。我妈说：死神。"朋友听到这话，嘴里的菜差点喷了出来。

第二类：有悬念、结局令人意外的故事。

有悬念、结局令人意外的故事，也很容易吸引听众。道理很简单，因为人都有好奇心，都想知道悬念背后的真相是什么。越是有悬念的故事，越能勾起听众的倾听欲望。让我们来看看下面这个开头故事：

“我刚把碗里的饭吃完，妈妈就皱着眉头对我嚷嚷：喂，你怎么又吃成这样？”

讲到这里，讲述者故意停顿了一下。听众很自然地会想：他把饭吃成怎样了？妈妈为什么训他？

“妈妈命令我把饭桌上的饭粒吃干净！”听众明白了，原来是他吃饭时把饭粒掉到桌子上了。

“我说我又不是故意的，再说桌上的饭粒已经脏了，怎么吃？”故事到此，冲突已经形成，接下来会发生什么？冲突会恶化吗？听众很想知道。

“妈妈也许意识到刚才语气太粗暴，便压了压火气，温柔地说：乖，快点吃干净。”听众会想，他会不会妥协，吃掉桌上的米粒，冲突到此结束呢？

“我说就这么点儿饭粒，浪费就浪费了。妈妈见我不知好歹，提高嗓门吼道：今天你要是不吃干净，别怪我不客气。”故事讲到这里，眼看冲突就要升级了。

“我见势不妙，赶紧把桌上的饭粒吃得干干净净。”故事到此，会以讲述者的妥协宣告结束吗？没有。

“虽然我吃掉了桌上的饭粒，但我心里很不是滋味。我去问妈妈为什么逼我吃掉桌子上的米粒，妈妈心平气和地告诉我：农民伯伯种粮食汗流浃背，每一粒米都来之不易，应该珍惜粮食才是。”

这是一位小学老师在课堂上给学生讲节约粮食时，用自己的故事作为开头，进行的一连串的讲述。故事悬念迭起，寓意深刻，让学生们听得入迷，深受启发，从而明白了要节约粮食的道理。

第三类：带有朴实而深沉感情的故事。

带有朴实而深沉感情的故事也很容易打动人，因为人都有感情，这类故事很容易挠到听众心中的痒痒，引发共鸣，从而达到很好的表达效果。

1962 年，82 岁高龄的美国五星上将道格拉斯·麦克阿瑟回到母校——西点军校。看着眼前的一草一木，他浮想联翩，仿佛又回到了青春时光。在受训仪式上，他发表即兴演讲。他是这样开头的：

"今天早上，我走出旅馆的时候，看门人问道：将军，你上哪儿去？一听说我到西点时，他说：那可是个好地方，您从前去过吗？"

这个故事的情节非常简单，语言朴实无华，但却包含着深沉、丰富的情感。它既说明了西点军校在人们心中非比寻常的地位，从而唤起听众强烈的自豪感，又表达了麦克阿瑟对西点军校的深情眷恋。接下来，麦克阿瑟不露痕迹地将演讲主题过渡到"责任""荣誉""国家"上来，整个表达自然妥帖、精确到位，与授勋仪式这个活动主题紧密相扣。

通过以上三类适合用于开头的故事，你会发现：用你的故事作为开场白，能调动听众的注意力，对语言技巧的要求也比较简单。可以说，你的故事就是最好的头条。所以，特别适合表达不够精确的人来使用。

值得注意的是，在运用故事开头时，有三点要切记（见图 12）：

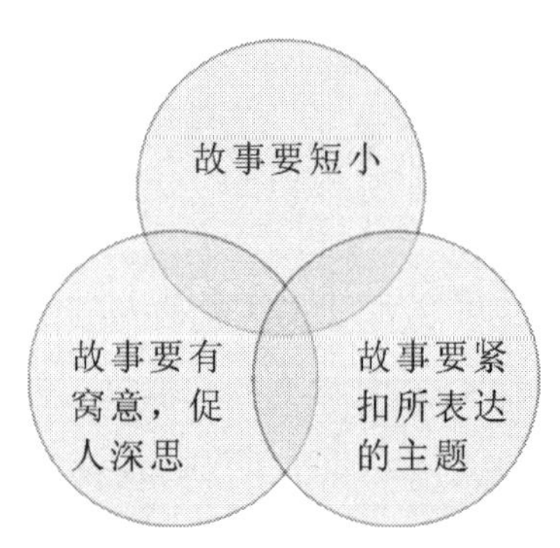

图 12　用故事作为开场白应注意的三点

1. **故事要短小**

用故事作为开场白时，一定要避免复杂的情节和冗长的表述。否则，就成了故事会，人家听了半天，还没有听到你的故事要讲什么，表达效果就会大减。

在《爱情与美》的演讲中，著名演讲教育家李燕杰的开场故事是这样的：

“北京一家公司的团委书记再三邀请我去演讲，并给了我一份公司所属工厂一批自杀者的名单，其中大多数是因恋爱问题处理不好而走上绝路的。所以，我觉得很有必要与大家谈谈这方面的问题。”

这个故事很简短，但一下子就把听众的注意力集中起来了，使他们感到问题的严重性。

那么，故事短小到什么程度最适合呢？我认为，能在1分钟内讲完的故事，都符合这个原则。当然，你不能为了在1分钟内讲完故事，而拼命加快语速，那样表达就不够明确，听众也就听不清楚，表达也是没有效果的。

2．故事要有寓意，促人深思

用故事作为开场白是有目的的，这个目的就是围绕你的表达主题而展开。所以，故事要有寓意，促人深思，让听众明白你所表达的主题，这样你的表达就是精确的。

在《救救孩子》这篇演讲中，演讲者周光宁的开场白是这样的：

“去年5月24日的《新民晚报》披露了这样一个事实：一个四年级的小学生，每天要带父母亲手剥光了蛋壳的鸡蛋到学校吃。有一次，父母忘了给鸡蛋剥壳，差点憋坏了孩子，他对着鸡蛋左瞅右看，不知如何下口。结果只好原蛋带回。母亲问他怎么不吃蛋，回答很简单：没有缝，我怎么吃！”

周光宁通过小学生不会剥鸡蛋这则故事，一下子吸引了听众的注意力。故事充满寓意，促人深思，能很好地表达演讲的主题——全社会都要重视培养孩子独立生活的能力。

3．故事要紧扣所表达的主题

再好的故事，如果跑题了，表达也称不上精确，表达效果也不会好。所以，扣题是最基本的要求之一。下面我们就来看看巨人网络集团董事长史玉柱是如何用故事来做开场白，并紧扣谈话主题的。

史玉柱在一次现场演讲中，有这样一段开场白：

“过去几个月我和马云两个人单独在一块儿的时间比较多，我们一起探讨关于公司架构的问题。我们有个一致的观点：工业革命使公司结构得到大力发展，而互联网也必定会让公司结构产生一场深刻的革命，只不过现在还没有看到有很多新的公司结构出来。信息时代的公司架构到底应该是什么样的架构?”

这段故事不仅有人物——我和马云，还有时间——过去几个月，主题——公司架构的问题。听了这段话，大家就知道史玉柱接下去要讲什么了。果然，史玉柱后面的演讲内容还是用故事来讲述：

“我举一个例子：在第二次世界大战的时候，美军以一个师或一个军，几万人作为一个作战单位；到了越南战争的时候，美军的作战单位已经变成几百人的营了，总参谋部直接把一个命令下到一个营去完成；等到伊拉克战争的时候，美军作战单位已经变成了一个班，而一个班真正的战斗人员不到一半，剩下都是拿着对讲机、拿着手提电脑去完成指令。”

最后，史玉柱得出自己的结论：

“作战组织的演变趋势是这样一个过程，我想公司组织的未来也会是这样。在我看来，未来公司就是一个平台，公司组成一个大平台，然后让很多小的 Team 在上面跑，谁跑赢就成功了。”

这篇演讲内容简练，没有废话，全是干货。尤其是他的开场白，虽然平白直述如白开水，但由于是自己的故事，而且开篇扣题，因此给人一种表达精确的印象。

谈论环境、谈论对方、谈论自己

在沟通的开始，如果你只是陈述一个事实，比如，“公交车今天晚点了！”“苹果又涨价了！”“明天有暴雨！”你并没有让对方参与进来，对方可能以为你在自言自语，这样就不利于沟通的进行，达不到精确表达的目的。

优秀的沟通者是怎样开场的呢？他们往往会从谈论环境，或谈论对方，或谈论自己下手，引导对方参与到沟通中来，一步一步达到精确表达的目的。

1. 谈论环境

任何时候，我们都处在一定的环境中。开始一段谈话时，可以从双方所处的环境中找话题，它不像谈论对方那样容易引起他人的防备，也比谈论自己更容易让对方参与进来，是最公平、最中性的话题。因此，这样的谈话方式适合初次见面或双方关系比较尴尬时运用。

（1）开始一段谈话时，先看看四周，找出让你感兴趣或让你疑惑不解的事物，以此为突破口，向对方提问。例如，“我昨天没有来，培训专家都讲了什么？”“我刚到，前面的比赛精彩吗？比分是多少？”

（2）照顾到对方的感情，找一个对方比较感兴趣的话题。例如，对邻居说：“你家的草坪好绿啊，你是怎么养护的？”如果你和对方处于一定的团体中，找到对方感兴趣的话题是很容易的。比如，在某个特别的兴趣小组，“我们刚才讨论的创意真不错，是你提出来的吗？”

（3）兼顾双方的兴趣，即你所说的话题是双方都关心的。例如，在观看比赛的时候，你可以对坐在身边的观众说：“你觉得这场比赛谁会赢？”等对方回答后，你可以问他："能说说理由吗？"这样你们就可以聊起来。

2. 谈论对方

大多数人都喜欢谈论自己，尤其是当你对他们表现出兴趣时，他们会乐此不疲地告诉你想知道的信息。因此，在开场表达前，先观察一下对方穿什么衣服、在做什么事情，然后说出你想了解的内容。例如，"你这件裙子色彩很亮丽，穿起来特别迷人，这是在哪里买的？是不是很贵呢？"对方一定会笑着和你聊起她买裙子的经过。打球的时候，你可以对陌生的球友说："你穿的是什么牌子的鞋子？看起来很棒！"这样不就和对方聊起来了吗？

事实上，以谈论对方来开场的诀窍就是找出对方的"亮点"，除了对方身上的亮点，还有对方话里的亮点。比如，客户告诉你，他的妻子刚给他买了一根很棒的鱼竿作为生日礼物。这就是一个亮点，就可以作为进一步扩展的话题。接下来，你可以顺理成章地向他提问，满足他谈论自己（对你来说，就是谈论对方）的心理需求。

提问1："你很喜欢钓鱼吗？技术怎么样？还是说你只是一个新手？"

作用：通过这个问题，可以判断对方是否热爱钓鱼以及其他户外活动。

提问2："你家附近有适合垂钓的水域吗？"

作用：通过这个问题，可以了解他的住址以及周边环境，便于接下来转换话题。

提问3："这是你妻子给你的惊喜吗？还是你告诉她你希望有一根很棒的鱼竿？"

作用：了解他们夫妻的感情状况，并适时赞美他们之间很恩爱，赞美他的妻子很爱他，满足他的虚荣心。

提问4："你是周末去钓鱼，还是平时也会抽空去呢？"

作用：了解他对钓鱼的痴迷程度，以及他工作忙不忙，还有周末的生活是怎样安排的。

提问5："你的妻子爱钓鱼吗？你的家人会陪你一起去钓鱼吗？"

作用：了解他有没有孩子，以及孩子多大了，这又是一个新话题。

看到了吗？当你发现对方的亮点后，可以提出这么多问题，每个提问都

是在告诉对方："我对你很感兴趣，我想了解你！"然后，你可以顺着对方的回答水到渠成地往下沟通。这样你们聊天的话题就不会显得突兀，也不容易出现冷场，对方也不会觉得你是在审问他。

说到这里，我不得不提醒大家：在开场表达时，如果你想谈论对方，最好避免提太直接的问题，例如，"你有哪些兴趣爱好？""你住在哪里？""你做什么工作？""你有孩子吗？"这些问题太过直白，像查户口一样，没有人喜欢这种沟通方式。

3. 谈论自己

谈论自己以达到推销自己的目的，与我们一贯奉行的谦虚并不矛盾。不过，在谈论自己前，我建议你最好保持矜持，可以等别人来问你，你再谈论自己，这样效果是最好的。因为别人问你，表明他对你感兴趣，你再向对方分享自己的情况，对方才会听你说。

如果没有人对你感兴趣，怎么办呢？这会不会很尴尬？其实不然，你只需委婉地把话题往自己身上引，以刺激别人来了解你。我就经常这么干。

例如，聚会上，当我听到有人抱怨开车违章的烦恼时，我会说："我也经常遇到这种事。"或者说："真是幸运，我好像不用为这种事烦恼。"除非对方是榆木脑子不开窍，否则，正常人都会主动问我："是吗？你违章的频率高吗？""是吗？你是怎么做到不违章的呢？"这样我就有机会谈论自己了。

再比如，坐火车的时候，当身旁的乘客说他是一家建筑公司的高级设计师时，我会这么回应他："做设计师，而且是高级设计师，是一份很有挑战性的工作！我们上个月刚为一名设计师提供过服务呢！"对方听到这话，通常会感兴趣，并问我："真的吗？你是做哪一行的？"这样，我就有机会介绍自己的职业。

接下来，我会告诉他，我是一名沟通培训专家，我们公司的业务覆盖很多行业，其中就包括建筑行业——很多建筑公司的管理者接受过我们公司的培训。一般来说，当聊天进行到这里时，双方就会进入愉快的沟通状态。最后，我甚至能够轻松获得新客户，真是"无心插柳柳成荫"。

找到双方的共同点，不让开场冷场

与人初次见面时，由于双方互相不熟悉，往往都会带着一定的防备心理去交往，这是人性的本能。在防卫心理的作用下，交谈的开放性和自由度会受到影响，尤其在涉及个人信息、个人隐私方面的话题时，更是难以展开。那么，怎样改变这种状况，不让开场冷场呢？我的建议是：迅速找到双方的共同点，以谈论共同点为突破口。

比如，你与某人初次见面，见对方穿着某品牌的篮球鞋，可以试着这样开场："××牌的篮球鞋，你是不是喜欢打篮球啊？"在确定对方是个篮球爱好者后，你可以说："我打篮球不多，但特别喜欢看篮球比赛，NBA直播我经常看，今年的NBA总决赛你看了吗？一开始勇士3∶1领先于骑士，最后骑士连扳三局……"你看，这样你不就和对方热火朝天地聊起来了吗？

在交谈中，把与双方共同点相关的内容放在开头，可以很快地消除彼此间的陌生感，拉近双方的心理距离。而且，由于谈论的是双方的共同点，彼此都有可谈的内容和素材，双方交流起来就更容易打开话匣子，更容易敞开心扉地聊起来。这就是谈论双方共同点的最大好处。

当然，谈论双方共同点的好处，很多人都能明白，但最大的难点在于如何寻找双方的共同点。下面，我就来详细介绍寻找双方共同点的具体方法：

1. 找地域籍贯上的共同点——是哪个省的、老家在哪里

有一次我去广州讲课，在飞机上遇到两位乘客在谈话。坐在我前排的两位乘客虽然是第一次见面，但是聊得特别投机。他们第一次对话是这样展

开的：

A："听你口音，好像不是南方人吧？"

B："我是河北邢台的，去南方谈生意。"

A："啊，河北邢台啊，真巧啊，我也是邢台的，你是邢台哪儿的？"

就这样，双方聊开了，旅途中一点儿都不无聊。

这就是典型的从地域籍贯上找共同点实现精确表达的例子。在操作的时候，要注意：

（1）多留心观察，重点听口音。因为每个地方似乎都有属于那里的口音，比如，北方人说话，儿化音比较明显，南方人说话，卷舌音比较明显。广东人有他们说话的特点，上海人有他们说话的个性。这要求你具备一定的地域语言研究功底。

（2）听出了大概的口音，可以试探性地问对方："听你口音，你是××地方的吧？"问对了，对方会认为你判断力强；问错了，对方也不会怪你，一般会纠正你，"不是的，我是××地方的！"这样你就可以围绕"××地方"聊下去。

（3）如果双方来自同一个地方，那就针对你们的老家聊。如果不是同一个地方，可以试着从中找交集点。例如上面的例子中，如果乘客A不是河北邢台的，但去过邢台旅游，就可以说："邢台啊，我知道这个地方，去年我和朋友去过那里，在邢台大峡谷玩了几天，那里的风景很不错。"至于到底是不是真的去过，这个不是最重要的，最重要的是把旅游地说精确，让人相信你。

2. 找身份角色上的共同点——家庭角色、公司职务

有一次，我去一家建材店购买装修用品，我与建材店的老板似乎没有什么交集，没有共同的话题。但我见老板的孩子在一旁写作业，就问了句："孩子上几年级了？"

老板说："上四年级了，调皮捣蛋，不好好写作业，我就让他在我眼皮子底下做作业了。"

我笑着说："这个年纪的孩子，哪个不贪玩？我一位朋友的孩子也上四年级，整天就知道看玩电脑、玩手机，我朋友操碎了心。"

就这样，我与老板聊了一些关于孩子的话题，双方的距离感消除了，为随后的选购产品打下了很好的感情基础。最后，老板见与我聊得很投缘，产品付款时给了我很大的优惠。

当你面对一个你根本无法找到与自己有共同点的人时，你可以从对方的身份角色上下功夫。具体来说，可以这样去找共同点：

（1）宽泛地说，你和对方可能都是孩子的家长，都是公司的管理者；具体地说，你和对方可能都是孩子的爸爸、妈妈，或都是企业的老板。这样一来，孩子、管理上的难题，不就是你们的共同话题吗？

（2）实在找不到这方面的共同点时，你可以像我那样退而求其次，以"我亲戚的孩子""我邻居的孩子""我朋友也是一家公司的老板""我朋友在某公司当主管"为话题。这样也可以找到与对方的共同点，便于展开交谈。

3. 找行业或职业上的共同点——什么行业、什么工作

相同行业、相同职业的两个人，就有了相应的与行业、职业有关的共同点。因此，在表达时，不妨找一找你与对方在行业或职业上的共同点。

在地铁里等车时，孙明看见一个漂亮的女孩，顿时对她一见倾心，就想与她搭讪。孙明走近一些，细致地观察对方，发现她无意识地弹动着手指，孙明的直觉判断：对方很可能是学音乐的，于是就开口了。

孙明："朋友，可以请教你一个问题吗？"

女孩："什么问题？"（虽然有些惊讶，但还是礼貌地点了点头。）

孙明："刚才见你手指弹动着，你是不是学过钢琴？"

女孩："你真是有眼力，我是一位钢琴老师。"

孙明："真是幸会，我也是一名钢琴从业人员，我在一家乐队担任键

盘手。”

就这样，两人很快就聊了起来，后来他们还成了好朋友。

初次见面，如果你足够用心，是可以从对方身上察觉出相关的信息的。每个人对自己所从事的职业都有一定的了解，从事该职业的人，在行为举止上具备哪些特点，大概也略知一二。因此，可以从对方的着装、气质、举止、随身物品等方面去判断对方所在的行业、所从事的职业。

4. 找兴趣爱好上的共同点——有什么兴趣、有什么爱好

当两个人有着相同的兴趣爱好时，就会视对方为自己人，双方聊起兴趣爱好，都会兴致勃勃。因此，如果你能找到兴趣爱好上的共同点，那么交谈从开场的第一句话开始，就会快速火热起来。

在谈生意前，双方应该不急于讨论主题，而是先闲聊一阵。

问：“您平常喜欢做些什么呢?”

答：“说实话，没有什么特别的爱好，就喜欢开车去郊区看山看水，看各地的风土人情。”

问：“我压力大的时候，也喜欢开车出去逛，特别喜欢去湖边、山区，看别人钓鱼，看山里无忧无虑的孩子……”

答：“钓鱼啊，我想起来了，这可算得上是我唯一的爱好了……”

例子中的两人，由于找到了共同的兴趣爱好，聊得特别投机，为后面谈生意打下了很好的基础。一句看似平常的“你平时喜欢做什么”，一下子问出了对方的兴趣爱好。可见，通过投石问路的办法，可以很好地获知对方的兴趣爱好，从而有针对性地表达，以达到很精确的表达效果。

用一顿饭的时间检验你的开场表达效果

讲了那么多关于如何开场表达的问题，你是否清楚怎样去判断自己的开场表达效果呢？当然，你可以在实际沟通中检验自己的开场表达效果——看对方的反应，看整个聊天的效果。但是一些重要的讲话，比如，同学聚会上的致辞，朋友婚礼上的讲话，公司高层会议上的讲话，以及正规的演讲，等等，都需要一次甚至多次彩排，从中发现自己开场表达存在的问题，确保最终有一个精彩的开场。

我通常的做法是，在吃饭前对家人说："在开饭前，耽误大家 3 分钟时间，听听我的开场白，给我一些建议，好吗?"家人肯定不会拒绝我这个小小的请求。于是，我就对家人说出我的演讲开场白，然后看家人的反应，听取家人的意见。家人听我讲话听得最多，如果他们都不觉得我的开场表达是陈词滥调，那我的开场表达应该不会差。

在开饭前彩排，如果家人能够抵挡得住美食的诱惑，忍着饥饿听你的开场表达，那往往说明他们被你的开场表达吸引了。尤其是家里有青少年时，那就更好检验开场表达效果了。如果在你讲话时，青少年不低头玩手机，不自顾自地吃饭，不东张西望，不大声嚷嚷，那你会特别有成就感。如果你能让大家一直听下去的话，那你的开场表达一定是成功的。

在进行重要的演讲前一定要彩排，而且不只是彩排开场表达。如果你的开场表达很精彩，听众会要求你继续讲下去。你可以找一些比较随意的场合"练练嘴"。除了在家里的餐桌上，你还可以在三五个朋友小聚时，或在亲戚

朋友聚在一起时彩排。如果你的开场表达在不同场合都能奏效，你就可以放心地使用了。

进行彩排的时候，你要留心观察听众的肢体语言，你的朋友和家人，可能不会直接说你的开场表达很无聊，但是他们的肢体语言不会撒谎。下面，我们就来看看哪些方法可以检验你的开场表达效果（见图13）。

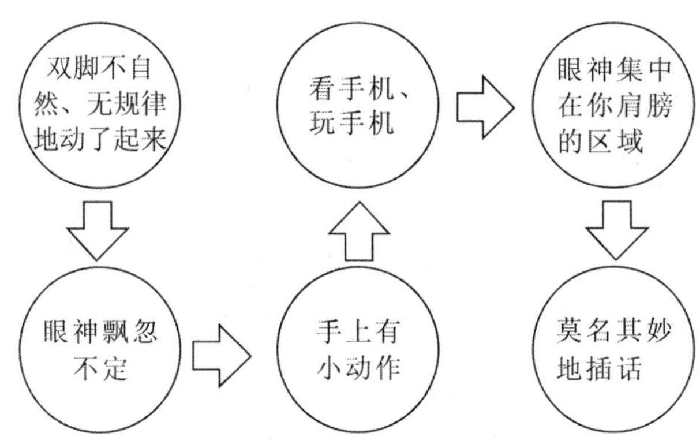

图13 听众走神的六种表现

1. 听众的双脚不自然、无规律地动了起来

如果听众已经站不住了（或坐不住了），或不停地变换腿部姿势，说明听众已经没有耐心听了。

2. 听众眼神飘忽不定

如果听众左顾右盼，眼神飘忽不定，说明他是在寻找其他更有趣的事物。

3. 听众手上有小动作

听众的手指绕来绕去，或是抓耳朵，或是抠手指，或是在衣服上摸来摸去，就像是在对你说："好了，我知道了，你还是快点说吧，我可没有什么耐心！"

4. 不停地看手机、玩手机

如果你的开场表达不能让人满意，肯定会有人不停地看手机、玩手机，这几乎成为现代人一种本能的肢体语言。即便是听众假装看时间而拿出手机，也表明他已经走神了。

5. 听众的眼神集中在你肩膀的区域

专注的倾听不能缺少眼神的交流，当听众的眼神与你的眼神对视，并伴有点头、微笑、专注的表情时，说明听众被你吸引了。反之，如果听众把眼神聚集在你肩膀的区域，看似是在看你，实际上根本没有与你对视，说明他已经走神了。

6. 莫名其妙地插话

在你讲话的时候，听众可能会插话，或下结论，因为他们希望快点结束这场谈话。

虽然以上6种情况看起来是对讲话者的不尊重，是失礼的表现，但是请你不要生气，因为它们能反映听众的真实想法，也能在很大程度上检验你的开场表达效果。在你彩排时，有必要关注这些线索，以判断开场表达效果和演讲水平。

另外，这些线索还能帮你培养一项重要的沟通表达技能，即察言观色的能力。这是沟通表达中必不可少的硬实力，当你拥有了熟练的察言观色能力后，在表达中就可以根据听众的反应，适时地调整自己的表达方式或话题。当然，这不是让你随时受听众的影响，而是让你更好地顾及听众的感受，以便更精确地表达。

第4章

视觉传达：讲个有画面感的故事

同是讲故事，有些人能把故事讲得绘声绘色、生动迷人，让听众不自觉地跟着讲述者去想象，在自己的大脑中描绘一片画面感十足的美景。而有些人讲故事则平铺直叙，乏味无聊，让人那原本勤劳的想象力都懒得工作。那么，怎样才能让故事有画面感呢？这取决于你的表达是否有视觉传达力。

用有视觉性的语言形容美食，而不要只说好吃

当我们对某一问题或事物有了认识，也知道了其内部的相互关系，并在需要的时候分享给别人时，怎样表达就成了关键。能不能精确地表达你想表达的意思，能不能让对方轻松愉快地接受，很大程度上取决于你用什么方式去表达。

几年前，我的一位客户找到我，向我讲述了一次尴尬的职场工作经历，并下决心提高自己的表达力和沟通力，他的经历是这样的（以他的口吻讲述）：

一天，老板让我设计一个活动方案。老实说，我没有这方面的经验，我绞尽脑汁地想，借鉴了网络上的资料。最终，在 3 天后完成了任务。当我将活动方案交给老板时，老板看了不到 1 分钟，就把我的方案往桌上一扔，然后长叹一声道："我看完两段话，感觉你的创意挺好的，但你的表达让我看不下去。如果我是你的客户，你知道我会做什么吗？我会将这个方案扔进垃圾桶，然后看下一个竞选方案。"我失败了，我的活动方案枯燥乏味，毫无亮点。经过那天的事，我决定参加沟通力培训课程。

怎样让你所表达的内容告别枯燥乏味呢？我推荐运用视觉化沟通——用视觉化的语言来讲述事物，从而牢牢抓住听众的注意力。视觉化沟通不仅有助于听众保持倾听的兴趣，而且有利于听众记忆沟通的内容。

在《法国大厨》这档节目中，主持人茱莉亚·查尔德从来不会用“好吃”来形容美食。她在描述烤鸡时，是这样说的：“切开烤得金黄的鸡，肉汁会从切口溢出来，厨房里立刻会充满诱人的香味。能吃上一口这样的烤鸡，将是你人生最大的乐趣之一。”

老实说，我听到这样的描述时，脑海中就浮现出一盘金黄色的大烤鸡。她就像一部电影的导演，通过视觉性的语言在我的脑海中播放了一部美食电影。

同样，我们在讲话时也要努力扮演电影导演那样的角色，通过有视觉性的语言来表达自己的想法，引导听众去想象，听众一定会非常享受这个过程。只要听众从你的讲话中获得了享受，请放心，他们一定会专心地听。但是，如果你表达的内容没有重点，且枯燥乏味，听众就会走神。至于你在讲什么，他们根本不感兴趣。

那么，我们在运用视觉化技巧表达时，具体该怎样做呢？

1. 用动词和名词配合来描述事物和场景

最能带给听众视觉感受的语言，是“动词＋名词”的语言组合，用动词描述行为动作，用名词描述具体事物，这样听众就很清楚你在讲什么，能想象到你所讲的情景了。

例如，我告诉你：“有一次在户外露营时，我忘了带刀子，就灵机一动，用随身携带的胡须刀刀片，小心翼翼地把大蒜切成薄片，然后倒入烧得滚烫的面汤里，顿时一股蒜香味扑鼻而来。”我多次这样对客户描述我当时的经历，客户纷纷表示：他们能想象当时的场景一定很有趣。

在运用“动词＋名词”的语言组合时，需要注意：

（1）动词所表达的行为动作最好是大家都可以完成的。比如，用刀片切大蒜、把大蒜倒入面汤，这些动作都很简单，你在讲的时候甚至可以做手势，模拟相应的动作，为听众还原当时的场景，这样表达就更精确、更生动有趣了。

（2）名词所表达的事物要具体，最好是听众在生活中较为常见的事物。这样你讲的时候，听众才会在脑海里有相应的事物形象，便于理解和接受。因此，建议用类别型的名词，而不要一个统称，例如，“狗”“猪”。

如果我说：“一个美好的上午，我在街上看到了一头猪。”你能想象这个上午是怎样美好吗？你能想象这头猪是什么样的猪吗？但是，如果我说：“冬天的上午，十一点的太阳照在我身上，我坐在门前晒太阳，看见了一个小朋友抱着一只贵宾犬（宠物狗的一种）。”这样你是不是更容易想象那个画面呢？

（3）少用抽象的形容词，例如“美好的”“漂亮的”“精彩的”。比如，很多企业领导喜欢说：“我们公司未来的目标，是通过高度团结的创新以及充满战略的优势，取得在全球市场的领先地位。”而美国企业领导则通常习惯说：“未来十年，我们的目标是在全球市场拥有前三的市场占有率。”试着体会一下，哪一种表达更能带给你视觉感呢？

2. 灵活运用体态语言，让表达形象生动起来

有研究发现，一个人向外界传达完整的信息，单纯的语言成分只占7%，声调占38%，剩下55%的信息都是通过体态语言来传达的。由于这种体态语言通常只是人的下意识行为，所以很少具有欺骗性。体态语言包括肢体语言和表情语言，它们具有形象性、生动性、通用性等优点，在表达和沟通中十分常见。

在表达和沟通中，我们不但要有下意识的体态语言，还要在主观意识中提醒自己运用体态语言来表达，以达到精确表达，让讲述变得生动起来。例如，上司对下属说：“我们需要谈一谈。”如果用文字来表达这句话，我们根本体会不到上司是什么意思。但是，如果加上体态语言，效果就完全不一样了，例如：

上司快步走到下属面前，表情严肃地看着下属，然后用很强硬的语气说道：“我们需要谈一谈。”体会一下，这句话就很能反映上司的内心情绪，很可能是对下属的工作不满，要训下属一顿。如果你是听众，你就很容易想象当时令人窒息的场景。

在运用体态语言表达时，要注意两点：

(1) 描述肢体语言和表情语言时，力求用词得体，这要求讲话者具备一定的字斟句酌的能力。比如，想描述一个人愤怒的情绪，最好不要用“生气”这个词，因为生气与愤怒的意味是不同的；想描述“推倒”这个动作，就不要用“撞倒”“踢倒”这些词，它们的意味也是不同的。用词得体，是为了更精确地表情达意，避免听众出现理解偏差，这是精确表达的精髓之一。

(2) 在无法用合适的语言描述体态语言时，你可以尝试当个演员，把你想描述的体态形象地表现出来。比如，你想描述一个人兴奋的样子，说话的时候就可以提高嗓音、瞪大眼睛、露出憨厚的笑容，同时让身体跃跃欲动起来。听众看到你的体态言行，自然明白你所描述的形象。

在对方的大脑中画一张图

人的大脑就像一台持续运转的电影放映机，每天的所见所闻都会像电影一样在大脑里播放。有研究发现，人类记忆图片、图形的效果，是记忆文字效果的6万多倍。因此，如果你能在听众的大脑中画一张图、画一幅画，那一定能让听众记忆深刻。

为什么有些优秀的人才，在公司里没有被认定为优秀者呢？或者说，无论能力高低，只会被分为两类：会做事的人和不会做事的人。这一线之隔究竟差在哪里？除非你独自活在这个世界上，否则，你就要扮演讲述者和倾听者的角色。

当你有很好的点子时，你能将它全盘展现出来，或让别人完全理解你吗？你是否有“令人看懂”“令人一目了然的视觉传达力”呢？这是一种将自己所想的、所说的、所整理的，让别人立刻清楚明白的传达技巧。

我们生活的世界，并不是写论文的地方，而是经常发生这样对话的地方：

“你到底想说什么？”

“哦，我的意思是……其实我不是那个意思，我的意思是……”

当一段对话出现这样的场景时，表示讲述者没有讲明白，或倾听者没有听懂，这是一次失败的对话。我们不妨冷静地想想下面的两种情况：

情况1：是上司让你听不懂，还是你故意充耳不闻？

作为下属，你是否遇到过表达差劲的上司呢？即使你聚精会神地听他说话，用力捏大腿赶走睡意，但还是听不明白他说的是什么意思。不过，也有

表达力超群的上司，他三言两语地讲述，同时做几个简单的动作，或随便拿张纸在上面画几下，你就明白了他的意思，知道该把事情做成什么样。这样的上司，就具备高超的视觉传达能力。

情况2：是上司不愿意看你的简报，还是你做的简报上司看不懂？

如果你递给上司一份长达几十页的“论文”，上司是不可能把它看完的。可是，上司没有看完却引来了你的抱怨：“为什么不看完，是对我的论文不重视吗？”然而，身在职场的你其实很清楚，效率就是一切。追求一目了然的表达是上司对你的要求，也是你对上司以及同事们的要求。所以拜托了，别再一字一句地解释了，让表达简单化、清晰化、图像化可以吗？这不仅适用于职场和商务领域，也适用于日常的人际交往。

在沟通表达中，为什么有些人一开口就令人厌烦？为什么有些人讲了很久，也表达不清楚自己的意思？为什么明明讲的内容很重要，却没有人愿意听？因为他们表达得太枯燥。解决之道就在于视觉传达——在对方的大脑中画一张图，让对方一眼就能看懂。

1. 画图不是艺术创作，而是语言、手势、示意图

每当我讲到这个内容，总有人忧心忡忡地问我：“画一张图？那是艺术创作吗？我又不是画家，怎么画图？”

在沟通或商务会议中，画图不是艺术创作，它只是传达你想表达的意思，让听众一目了然罢了。画图有三种类型：用语言画图，用手势画图，用笔在纸上或用木棍在地上画图。当然，你也可以将这三种方式结合起来运用，那样就更能清晰、精确地表达了。

例如，推销员在向客户介绍吸尘器时说：“我们的产品是一个类似装菜的盘子那么大的圆形，里面有高科技电子设备，可以通过遥控器指挥它在你房间的各种角落吸尘。”这样客户就对吸尘器有了外形上的认识，并了解其工作的原理。

如果客户还是不太清楚，推销员会用手比画——伸出两只手，用大拇指和食指比画出吸尘器大小的圆。如果客户还不清楚，他就会拿出本子和笔，简单地画一个圆形，将吸尘器的外形描绘出来。

以上三种方式都叫“画图”，属于视觉化的表达方式。它们不要求画得多好看、多漂亮，只是一些形象化的语言、动作或线条组成的简单图形，能表达出你的想法，就算合格了。

2. 站在对方的角度去画图

有一次，我在北京街头遇到一位问路者，对方向我打听附近的地铁站怎么走。我没有立即回答，而是走到他身边，与他并排站着，然后往前走一步，并说：“你往前走大概100米，然后左转走大概50米，再右转向前100米，就可以看到地铁站了。”

对方一下子就明白了，马上对我表示感谢。他还告诉我，刚才他问了一位路人，对方说了一大通，一会儿左转，一会儿右转，他听了半天没有明白，对方反而不耐烦地走了。为什么我讲的话他很轻松就听明白了？因为我在他的大脑中画了一份路线图，而且是站在他的角度去画的路线图。

我们在讲话和表达时，应该从听众的角度出发，以听众的视觉去表达，包括用语言画图，或用笔画图。

3. 私下练习画图，别当众开始

我刚接触视觉表达时，恰逢公司开会商讨一个问题，我觉得可以用画图来表达我的想法，就走到白板前边说边画起来。没想到一紧张，怎么画都不像，反而让领导奚落一通，说我没有绘画的天赋。类似的尴尬情景我的很多客户也遇到过，他们还质疑自己的绘画天赋。于是，我就告诉他们：“不是自己没有天赋，是练习得不够，还没有实现熟练地当众画图。”原因有这样几个：

（1）刚开始当众用表格、图形表达想法时，很容易让人紧张，尤其是当有人质疑“你这是在画什么，怎么看不明白”时。

（2）当众使用新的媒介可能不适应，比如，你在电脑上画得很熟练，可让你到白板或挂图上画，可能就不顺手，因为媒介改变了，你需要适应。

（3）你在电脑上画图是沉浸在自己的思维中，而当众在白板或挂图上画画，要与众人互动，在互动的过程中，你很容易被干扰，容易分心。

鉴于这些原因，建议一开始不要当众画图，而要私下里练习，等能够熟练地画简易图时，再当众表现出来。就像演讲前反复练习一样，私下里在电脑、白板或挂图上反复练习，找到画图的感觉。包括用什么颜色画，画多大的图，这些你应该在私下里想好，并熟练掌握，这样才能在公众面前挥洒自如。

多用比喻，让表达变得更易懂和形象

回忆一下你的童年：当你春游回来，有没有给家人或朋友讲过故事？为什么那时候你讲的故事能吸引大家？再回想一下，你在高中或大学的课堂上听课，老师和教授们讲的抽象理论是不是让你昏昏欲睡？

为什么两者之间差别那么大？因为前者讲的是故事，而且有比喻，后者讲的是干巴巴的理论、数字和信息。所以，如果可以的话，我建议你多用比喻来表达。这样不仅便于说明问题，还可以减少听众的理解障碍。

在刘向的《说苑》中，有一个关于比喻的故事。

有人对梁王说："惠子说话喜欢打比方，如果大王不让他打比方，他就不会说话了。"

梁王听后，决定一试，就把惠子叫来，对他说："希望以后你说话时不要用比喻了。"

惠子说："假如有人不知道'弹'是什么，您告诉他弹就是'弹'，他能明白吗？"

梁王说："当然不明白了。"

惠子说："我要把我知道的事物告诉不知道这个事物的人，您说不打比方行吗？"

梁王说："当然不行。"

梁王本来不让惠子打比方，可惠子又悄悄地打了一个比方，说服了梁王。

事实上，打比方并不难，写作文的时候，你肯定用过比喻。那么，为什么在沟通中不用它呢？它能让你的表达画面感十足，带给听众视觉感，更好地吸引听众的注意力，让表达更易懂。

比喻的作用不光是吸引听众的注意力，还能让听众更好地理解你讲的内容。如果你只告诉听众一个数字，听众很可能没有概念：这个数字大不大？属于什么水平？例如，88000千米有多长？听众对单纯的数字没有概念。如果你告诉听众："这个距离比绕地球两周还多。"不仅画面感十足，也能让观众明白这个距离有多长。

在一次聚会上，一位老太太问爱因斯坦："听说你发明了相对论，究竟什么是相对论？"

相对论是一个深奥的理论问题，三言两语说不清楚，而且听众是老太太，即便说了，她很可能也不明白。那么，怎样回答她的问题呢？

爱因斯坦是这样解释的："你同你最爱的人坐在炉子边，一个小时很快就过去了，你觉得就像5分钟。如果你一个人孤独地坐在火炉边，只过了5分钟，你却感觉坐了一个小时，这就是相对论。"高深的理论，只因为爱因斯坦巧用比喻而变得通俗易懂。

巧用比喻能给语言增添绚丽的色彩，能让讲话变得易懂、形象、生动、富有感染力，不仅能让人轻松理解你所表达的意思，还会令对方觉得你风趣幽默。在运用比喻时，有几个问题是需要注意的（见图14）：

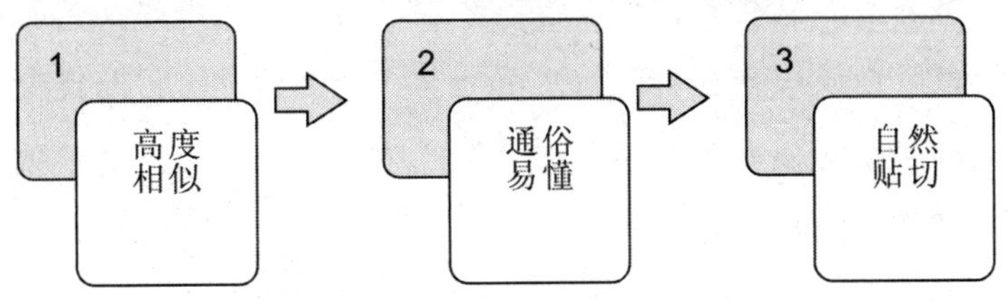

图14　运用比喻表达需要注意的三个要点

1. **高度相似**

在运用比喻时，比喻的本体和喻体虽是完全不同的事物，但两者应具备高度的相似性。例如，“我们这个月的产品销售额提升了40%，就好比菲尔普斯的400米自由泳成绩缩短了30秒。”产品销售额的提升与自由泳成绩的提高，两者属于不同的事物，但又有高度相似性，都是提高，而且提高之大出人意料。当公司领导讲出这样的话时，说明他对公司这个月的业绩很满意，是在肯定大家的付出，听起来十分生动形象。

有必要提醒大家一句：讲话中巧用比喻，不一定是真正意义上文字华丽的比喻，它可以是让人一听就懂、一看就明白的打比方，甚至可以是两种类似事物之间的对比。目的是让听众更好地理解。比如，“每年有5.6万名女性死于心脏疾病，这个数字远远超过了1个网球场所能容纳的人数。”这样听众就很清楚5.6万这个数字的概念。

2. **通俗易懂**

在运用比喻时，喻体应力求浅显，生动具体，能够贴近听众的生活。只有这样，你的比喻才能化繁为简，听众才更容易理解和接受。例如，某公司CEO说：“我们发现了公司某个环节上的成本浪费问题，这个问题会导致公司每年损失350万元。350万元是什么概念呢？它可以购买约30辆普通家用轿车。如果把这笔损失弥补了，公司1年后，给大家每人发1辆车好不好呢？所以，我们绝不容许这个错误发生。”这样表达，比领导空讲节省成本的重要性有趣得多。

3. **自然贴切**

巧用比喻是为了增加语言的色彩，但不是比喻越多越好，不能为了比喻而比喻，不能为了达到猎奇效果，故弄玄虚、矫揉造作地打比方。好的比喻应该自然贴切，在某个合适的时机，很恰当、自然地出现，而且应该贴合实际的表达内容。切勿生搬硬套，否则，不仅达不到视觉传达的效果，反而会令听众感到费解，让听众反感。

用故事表达也可以套用公式

讲故事是传达视觉感的有效方式。说到讲故事，很多人就会犯难："我不会讲故事！""我找不到可讲的趣事！"我曾接触过几名患了"讲故事困难症"的客户，他们向我表达出类似的畏难情绪。我给出的建议是："别担心，只要你以前讲过笑话就行。现在你要做的就是找一个合适的机会讲出来。"

令人欣慰的是，讲故事的能力虽然受天赋的影响，但通过科学的培训和练习，讲故事的能力也能得到巨大提升。尤其是当我向这些客户分享了"套用公式讲故事"的方法后，他们很快就掌握了讲故事的基本要点。这个公式很简单，就是"铺垫 + 展开 + 结局 = 好故事"。下面，我来详细介绍这个公式。

1. **铺垫——拒绝提前暗示，要让讲故事在不经意间开始**

在开始讲故事前，很多人喜欢提前给听众暗示："我给你讲个故事。""不信，我给你讲个真实的故事，最能说明问题。""昨天我遇到了一个气愤的事，我给你讲一讲。"切记，一定不要这样去暗示听众，因为故事要有悬念和趣味，一旦你暗示听众，你的故事就会失去悬念和趣味。

悬念是故事的最佳特质，缺少悬念的故事，如同一道平淡无味的菜肴，让人没有吃饭的胃口。那么，在讲故事的开始阶段，怎样制造悬念呢？我建议你这样去制造悬念，例如"然后，他做了一件疯狂的事""紧接着，她说了一句让全场人都惊呆了的话"。然后，很自然地铺开你的故事，让听众觉得你的故事就是你讲话的一部分，而不是你讲话内容的附属物或补充品，不是为了弥补乏味的讲话内容而硬塞进来的。

2. **展开——严格遵从“三不”和“一要”原则**

在展开故事的过程中，你要构建场景、介绍故事的主要情节、烘托人物之间的矛盾以及需要解决的冲突。当你做到了这几点时，听众就会完全被你的故事吸引，并跟随你的视觉描述来了解你的想法。在这个过程中，你需要牢记“三不”和“一要”原则：

（1）不要以为听众是万事通。

在你展开故事时，千万别以为听众是什么都知道的万事通，包括故事中的人物、地点、起因。如果你以为听众什么都知道，那么你可能会省略掉很多该讲的内容，或者表现得不够自信。你很可能会在讲故事时断断续续，因为你不得不时常停下来补充“噢，对了，我忘了说”或者“想一想，这一点很重要，要了解这个故事，我们必须知道……”这样你的故事是讲不好的。

（2）不要牵扯出太多的人物。

讲故事时，如果故事中的人物太多，人物之间的关系太复杂，那么听众会听着很费劲。他们一边听一边还要思考这些人物之间错综复杂的关系，这样就会很累，很容易失去对故事的兴趣。因此，明智的做法是故事中的人物力求少而精，在讲故事时把那些与故事主题关系不大的人物省略掉。

（3）不要过分纠结于故事细节。

讲故事过分纠结于故事的细节，在讲错后马上停下来纠正，甚至停下来更正之前的讲述，结果会怎么样呢？不妨来感受一下：

“8 年前，我们全家来了一趟黄山之旅，那个……不好意思，是山东的泰山，不是，是江西九江的庐山。总之，去那儿是因为我们对祖国的名山充满热爱。那个……我想起来了，确实是黄山，不好意思。所以……当时只有我们一家人，哦，不对，还有我妹妹的未婚夫。我忘了他也去了，不过他也算是我们家人，虽然他是不请自来的，但大家相处得很愉快。总之，我们爬上

了黄山，我们的导游大概30岁，哦，不对，好像是刚毕业的大学生，挺漂亮的……没有错，就是刚毕业的大学生，我想起来了，她当时说那次担任导游是她第一次单独带队……”

快告诉我，听这段故事时有什么感受？是不是快要疯掉了？是不是早就想呵斥“别讲了”？因为太纠结于故事的细节，反反复复地变换故事的内容，让听众的注意力早已游离于故事之外。

事实上，你去黄山、泰山或庐山，听众并不知道，他们也不觉得有什么区别。你只需要把你旅游中最有趣的经历讲出来即可，干吗纠结于去了哪里？再者，你跟谁一起去的，多一个人少一个人，有多大关系呢？你的导游有多大年纪，是男是女，漂不漂亮，又有什么关系？何必来回地纠正自己，让听众的内心备受煎熬，不知不觉分散注意力呢？

所以，在讲故事时，如果发现自己讲错了某些内容时，千万别停下来纠正。你只需牢记一点：讲故事重要的是流畅，不要一直更正或反复强调细节，这样只会影响讲故事的进度。你只需说：“8 年前，我们一家人来了一次黄山之旅，爬山是跟团进行的，有专业的导游为我们介绍沿途的风景……”这样表达，是不是精确、流畅许多呢？

（4）要安排足够的弹性空间。

如果讲话的时间充裕，可以准备一些细节丰富、情节跌宕的故事。如果讲话时间紧迫，或者觉得听众有不耐烦的征兆了，就应该省略大部分情节，长话短说地讲故事。你在展开故事情节时，应该具有足够的灵活性，可以在15 分钟内讲一个故事，也可以在 15 秒内讲一个故事。

3. 结局——最好出人意料，然后稍作停顿，再给故事收场

结局的作用就像笑话中的包袱一样，是为了回报听众在你讲故事时的专注倾听。如果结局出人意料，就会达到更好的表达效果。如果你没有提前设置悬念，听众可能会忽略这个结局。设置悬念是为了提醒听众去思考：“结局会是怎样的呢？”

你在讲完结局后，稍作停顿，就该收场了。许多人学习这一点时，总是担心停顿会让自己变得很紧张，会让听众失去专注。其实不然，短暂的停顿并不会引起这些不良结果，反而会让听众更专注，他们会趁着你短暂的停顿去消化你的故事，确保自己完全理解了故事内容和讲这个故事的目的。

用视觉化的内容讲故事

可能你会想：有些故事是没有办法用视觉化的细节和内容来讲述的。真是这样吗？我不觉得，我帮助过成百上千人在他们的故事中加入视觉化的元素，迄今为止从来没有遇到无法用视觉化的方式讲述的故事。

我有一位社会科学院的朋友，他长期从事经济研究工作。有一次，他找到我，说两天后要参加一次经济会议，并在会上发言，他讲的观点是："巴西成功申办里约热内卢奥运会，与他们这些年经济的快速增长分不开。"他希望能像马云在股东大会上那样侃侃而谈。

我打开他的演讲稿，发现第一段是这样讲的："巴西作为南美洲的一个大国，在30年前饱受汇率波动和恶性通货膨胀的影响，民不聊生。然而，今天的巴西不同往日，它能成功申办奥运会，靠的是什么？靠的是蓬勃发展的经济……"

看到他这样准备的发言，我默默转身，把眼睛转向了窗外。这是一个典型的缺少视觉化细节的例子，许多人觉得这样的话题根本不可能讲出视觉化的效果。但我用行动证明，没有什么是不可能的。

朋友觉察出我的反应，很直接地问我："我的演讲内容出了什么问题？"

我和他关系很好，所以，我选择直截了当地指出他的问题，并建议道："如果你能在开头描述一下巴西当年经济的惨状，或许效果会大不一样！"后来，他的演讲内容是这样的：

"30 年前的巴西，通货膨胀严重，钞票一文不值。巴西人推着一小车的钱去菜市场，只为买几样家常菜；他们用麻袋装钱去银行，只为换得几张政府在本月刚发行的新货币。这就好比拿着几十件过时的高档西装，只能去服装店换一件新衬衫一样，十分悲惨……"

对比前后两种表达方式，你有没有发现差别？后面的演讲内容是不是画面感十足？有生动、贴切的比喻，可以让你的脑海中轻松浮现出一幅幅"通货膨胀下的悲惨画面"。这就叫用视觉化的内容讲故事。

如果你也想设计出可视觉化的内容，让你的故事变得令人浮想联翩，那么你的故事和你的表达应注意以下四个特点（见图 15）：

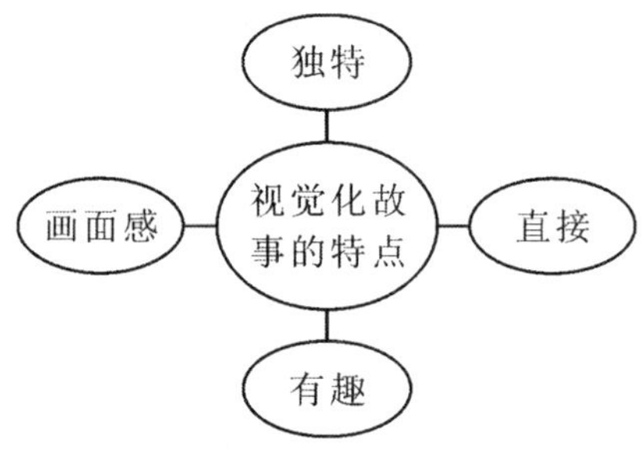

图 15　视觉化的故事的四个特点

1. **故事要独特**

在讲故事前，我们应该思考一个问题：我要讲的这个故事是否具备独特性？别人是否讲过？如果有很多人都讲了这个故事，我们再去讲，就有"炒冷饭"的意味，或被听众打断，或让听众产生逆反情绪。

举个很简单的例子，你在去公司的地铁上目睹了一起新闻事件。等你来到公司，想将这则新闻分享给大家时，却不料一开口就被同事打断："哦，这个新闻我刚从朋友圈里看到了。"试问，这时的你是否觉得很尴尬、很没劲呢？其实，如果同事忍着听你讲出这则新闻，他也会觉得很没劲。

我只是想借这个例子说明故事要有独特性，最好是别人没有讲过、没有听过的。这样的故事你讲出来，就会让人耳目一新，就会令人好奇，就会吸

引听众的注意力。

2. **讲故事要直接**

有一次，一家大型酒店的全球销售总监参加该酒店举办的研讨会，他谈到了相较于酒店的外观照片，旅游者更希望看到客房的照片。理由是，客房的照片能很直接地说明客房的舒适度、档次、文化元素，对旅游者更有吸引力。我有幸听到了这段讲话，觉得对我们讲故事很有启发。

我们知道，讲故事是为了说明问题，是为了表达我们的意图，因此故事的主题比什么都重要。如果一个故事可以很直接地表达你想表达的主题，能让你在3分钟内讲完，那么，你一定不要刻意委婉地讲这个故事，把这个故事讲得冗长。

这就好比桌上有一瓶牛奶，你直接过去拿起来打开喝就行，而没有必要讲这瓶牛奶是什么牌子，是什么时候买的，是谁买的，啰啰唆唆一大堆，再讲出你的主题。这样一来，听众早就没有了倾听的兴致。

3. **故事要有趣**

趣味性是一则故事吸引听众的重要特质。想讲出有趣的故事，除了故事情节本身跌宕起伏、新奇、悬念丛生，你还可以在表达技巧上做文章。比如，有意设置悬念、变换讲述的口吻，结合身体语言和表情语言，给故事添加几分神秘色彩。

4. **故事要有画面感**

所谓画面感，是视觉化内容的重要追求。怎样才能表现出故事的画面感呢？在这里我推荐两个方法。

方法1：绘画法。

你可以在白板或白纸上画出你的故事，很随意地画，不求画得多好，只要能表达你的故事即可。如果你不知道画什么，说明你的故事缺少视觉化的细节内容。

方法2：剧本法。

在大脑里想象你要讲的故事，尝试用动态图来表现，就像制作电影一样。

如果你无法想象出故事发展的动态图，那也说明你的故事缺少视觉化的细节内容。

针对以上两种情况，你要做的就是去设计视觉化的细节内容，你可以运用前面讲到的“用动词+名词组合来描述事物和场景”“运用体态语言”“站在对方的角度去画图”“多用比喻”等方法去设计细节。

当然，由于用这两种方法去设计故事的画面感费时费力，因此，平时讲话就没有必要这样去做了，最多在自己的脑海里过一遍，看能否找到画面感。但是，在公开讲话或正式演讲前，你还是有必要按照这个方法认真去准备。

让你的故事有些哲理和寓意

海尔集团总裁张瑞敏曾说过这样一句话："提出一个新观念也许不太困难，但要让人认同，才是最困难的。我常想《圣经》为什么在西方深入人心？靠的是里面一个个生动的故事。"通过讲故事可以摆脱平淡如水的叙述，可以避免苍白无趣的说教，可以避免伤人自尊的生硬批评，在轻松愉快中娓娓道来，顺利达到交谈的目的。所以，擅长精确表达的人，总会让自己的故事充满哲理和寓意，给人思考，给人教益，赢得认同。

有一家企业的生产车间是长方形，长 100 多米。车间的南北两侧各有一台饮水机，对于靠近饮水机的工人来说，他们需要饮水时，只需几步路程，非常方便。对于处在中间三分之一的工人来说，无论走向哪边取水，都要走一段很长的距离。

工人们有个很好的习惯——等到饮水机上的绿灯亮了（表示热水已经烧好），他们才会去取水，否则就会继续等待，直到绿灯亮了。南北两侧的工人，一眼就能看见饮水机上的指示灯，处在中间三分之一的工人，就看不清楚那个指示灯了。当他们走近发现绿灯未亮时，就会转身回到工作台，这样很耽误时间。

工人把这个情况反映给厂长，厂长要求工厂主管解决这个问题，主管抱怨说："没有办法解决，不可能把饮水机放在工厂中间，否则会违反安全规定。"厂长把电工找来，电工说："没有办法解决，因为饮水机的指示灯只有那么大。”

厂长问：“可不可以增加一个大指示灯，让处在中间的工人判断水开了没有?”电工张大嘴巴，“啊”了一声，好像有所顿悟。最后，电工从饮水机红绿灯的线路上接了一根线，装上了一个大红灯泡，挂在饮水机上面……

这是一位企业高管在中层会议上讲的故事，故事贴近企业实际，简单直白，又有画面感，最重要的是，它还有很强的哲理和寓意——办法总比问题多，找借口不如找办法。而如果高管只是一味地给大家讲大道理“不要找借口，多思考解决问题的办法”，就很容易激起听众的逆反情绪，难以达到想要的说服效果。

无论你是企业高管，还是普通职员，无论你在职场中，还是在日常生活中，都可以讲述带有哲理和寓意的小故事，来表达你的真实想法。当你在人际交往中，遇到喜欢争论的对象时，你可以通过短小、有寓意的故事达到反驳和回击的效果。

比如，当有人坚持认为“伤害你的人就是你的敌人”“把你从困境中拉出来的人就是你的朋友”这样的观点时，你可以平静地讲述一个很有画面感的故事表达不同的观点。

“一只小鸟飞往南方过冬，天气太冷，它被冻僵了，从天上掉了下来。一头牛走了过来，在它身上拉了一泡屎。热乎乎的牛屎包裹着冻僵的小鸟，小鸟很暖和，很开心，于是情不自禁地唱起歌来。一只大花猫循着歌声找过来，发现了躲在牛粪里的小鸟，它将小鸟刨出来，把它吃掉了。”

这个故事告诉我们：不是每个在你身上拉屎、伤害你的人都是你的敌人，也许别人伤害你是无意的，但却能救你。也不是每个把你从牛粪中、困境中拉出来的人都是你的朋友，也许别人把你拉出来是为了更好地利用你。

讲个故事，让说服变得更简单，让忠言变得不再逆耳，让教导更加贴心。

讲个带有哲理和寓意、有画面感、能给人视觉冲击的故事，这样的故事何愁不能吸引听众呢？何愁不能让你在众人面前侃侃而谈，成为被大家关注的焦点呢？值得注意的是，在讲有哲理和寓意的故事时，应注意以下几点：

1. 最好是贴近现实或亲身经历的故事

贴近现实的故事最有说服力，这一点毋庸置疑。就像优秀销售员推销产品，他们最拿手的一招就是讲故事："昨天下午我在你们小区卖了100套产品，我们这款产品非常受大家欢迎，所以今天我又来了。"而如果他们说："我们这款产品在美国很畅销。"对你并没有说服力，因为我们与美国相距太远，用那么"遥远"的故事很难打动人。

贴近现实的故事，一般具备这样几个特点：

（1）行业性质上的贴近。例如，同是企业故事，同是销售故事。

（2）地域上的贴近。例如，同一城市、同一故乡，这就是老乡见老乡分外亲切的原因。如果销售员在推销前，介绍自己的故乡，碰巧与客户是老乡，两人用家乡话拉拉家常，讲个家乡的故事，很快就会熟悉起来，推销就会变得轻松许多。

（3）故事并不遥远，就是现实发生的，甚至是亲身经历的。虽然这样的故事并不多，但对于人生经历较多、社会阅历丰富的人来说，讲一个亲身经历、有哲理和寓意的故事并非难事。

2. 故事要围绕主题，越是简单直白越有说服力

很多时候，讲故事并非只是为了讲故事，而是为了精确表达某个主题，达到某个沟通目的。因此，你所选择的故事一定要围绕表达的主题展开，这样讲故事才叫有的放矢。而且在讲述时，最好简单直白，避免兜太大的圈子。

一家公司的客服部经理用命令的口吻叫公司一名职员打扫一下会议室。这位职员认为自己不在客服部的管辖范围，就没有理会。客服经理觉得没有面子，就和该职员吵了起来，从此两人结了怨。此后，客服经理经常找该职员的茬儿，而这名职员也和该经理对着干，背地里到处说他的坏话。

公司总经理得知事情的原委后，把客服经理叫到办公室，对他说：“一只老鼠向狮子下战书，要与狮子一决高下，狮子拒绝了。一旁的黑熊不解，就问狮子为什么不接受挑战。狮子说：‘如果我接受挑战，老鼠就会得到“曾与狮子比武的殊荣”，而我呢，只会被大家耻笑竟与老鼠打架。’”

故事讲完后，总经理语重心长地对客服经理说：“你的能力和影响力有目共睹，何必与普通职员一般见识呢？这样只会降低你的威信，影响你的形象。”这番话让客服经理顿悟，他惭愧地说：“我知道该怎么做了。”

用狮子与老鼠打架来比喻客服经理与普通职员作对，这是一个十分吻合主题的比喻。故事讲完，其寓意显而易见。而且把寓意蕴含在故事中，效果比直接劝说和忠告要好得多。

3．故事要有画面感，要给听众传达视觉化的内容

故事要有画面感，这一点无须赘言。前面我们讲了很多关于如何让表达具有画面感，如何传达视觉化的内容，在运用带有哲理和寓意的故事时，同样不能忽视这一点。运用哲理性、有寓意的故事是为了精确说明问题，而保证故事的画面感和视觉传达内容，是为了更好地吸引听众去理解这个故事，从而理解你所表达的意思。

第5章

精确内容：只说重点，浓缩再浓缩

在沟通中，对你想要表达的内容进行浓缩再浓缩，尽可能长话短说，只说重点，控制好时间，不仅可以节省沟通的时间，还可以有效地防止听众产生厌烦情绪。不要担心对方听不明白，因为如果对方想了解更详细的内容，自然会向你提问。

长话短说更能打动人

美国著名幽默作家、演讲家马克·吐温最厌恶冗长的讲话。有一次，他在教堂里听牧师发表募捐演讲，开始几分钟他还听得津津有味，觉得演讲很有力量。于是，他打算回头捐出口袋里所有的钱。可是10分钟过去了，牧师还没有讲完，马克·吐温有点烦了，决定只捐一些零钱。又过了10分钟，牧师还在没完没了地讲，马克·吐温已经非常不耐烦了，决定1分钱也不捐。终于等到牧师讲完，当收款的盘子被递到马克·吐温面前时，马克·吐温不但没有捐钱，反而从盘子里拿走了2美元。

马克·吐温的例子是对长篇大论者绝佳的讽刺和警醒。无论你是在公众场合发表正式的演讲，还是在沟通中与人谈话，都应该追求长话短说、言之有物、言简意赅的表达效果。大家的时间都很宝贵，没有人愿意在无关紧要、可有可无的谈话内容上浪费时间。掌握了这一沟通精髓，尽可能做到长话短说，才能更容易打动人。

英国前首相丘吉尔曾在剑桥大学的一次毕业典礼上做过一次演讲。这场演讲吸引了上万名学生。在万众瞩目下，丘吉尔在随从的陪同下走进会场，走上讲台。他将大衣和礼帽脱下，交给随从，然后默默注视听众。

1分钟后，丘吉尔开始发言，他说的第一句话是“Never give up”（永不放弃），说的最后一句话也是“Never give up”。说完后，他穿上大衣，戴上帽

子，离开了会场。当时整个会场鸦雀无声，但几秒钟后，掌声雷动。

这是一次关注度极高的演讲，这位伟大的英国首相要在剑桥大学的毕业典礼上和大家分享自己的成功秘诀，每个人都渴望从他身上学习成功的特质。因此，这次演讲不仅吸引了剑桥的学生，还吸引了众多媒体和广大市民，场面空前壮观。

很多人以为丘吉尔在演讲中会侃侃而谈，滔滔不绝地长篇大论，但丘吉尔的演讲出人意料，以“短平快”的方式结束，一句“永不放弃”浓缩着他的人生精华和对成功的态度。正是有这种态度和精神，他才能带领英国在第二次世界大战期间顶住了德国空军对伦敦的轰炸，最终赢得胜利。

能否做到长话短说，考验着一个人的表达功底。尤其是在重要场合，长话短说更加重要。如果你能把事情说得简单些，听众会更容易听明白；如果你能把事情说得简短些，听众会更容易接受你。因为长话短说不仅可以节省听众的时间，还会使听众感觉到你的自信。

其实，很多人都明白长话短说的道理，但要想真正做到，并不是一件容易的事。央视名嘴白岩松曾在接受采访时说：“我非常关注的是主持人的表达，我最大的目标是我今天能用150个字说得非常清楚的一件事，10年后我能用20个字说得一样清楚。”那么，怎样才能用20个字把一件事说清楚呢？

1. 用一句话说出关键信息

曾有一位女士向我寻求一些职场沟通的建议。对于她的慕名而来，我感到有些意外，但我还是热情地接待了她。本来我们的谈话应该很简单，她提问，我来分享个人的沟通经验，但实际情况完全不是这么回事。

她滔滔不绝地讲了5分钟，基本上都是在诉苦，说别人对她的说话方式多么反感，自己多么苦恼。5分钟后，她才说出了此行的目的，她问我：“高效的沟通者应该具备哪些说话习惯？”我用一句话回答她：“你必须用最简洁的语言表达最关键的信息。”

听了我的话，她似乎有些不相信，她的脸上好像写着疑问："真的吗？就这么简单吗？"是的，就这么简单。说话并不是什么复杂的事情，越是简单，越能奏效。

为此，你需要记住两点：

（1）不要铺垫或将铺垫浓缩成一两句话，然后说出关键信息，让关键信息的出现不突兀。以上面那位女士为例，她完全可以对我说："我的表达能力出了问题，我感到很烦恼，请问高效的沟通者应该具备哪些说话习惯？"

（2）如果铺垫太多无法浓缩，那就不要铺垫，直接说出关键信息。听众一上来就听到你的关键信息，一方面明白你想说什么，另一方面也会产生疑惑，这时他会向你提问，你再道明事情的原委，讲清楚事情的背景。

2. 用"襁褓"裹住谈话

婴儿好动，父母害怕他们着凉，会用襁褓将其包裹起来。说话也是这个道理，如果没有包裹，就可能不着边际地乱讲，这与长话短说是相违背的。所以，我建议用"襁褓"裹住谈话，让你的谈话在一定的条件下进行，这样不但不会跑题，还能保证谈话的简洁性。

（1）你是谁？你想和谁谈什么？这里就有了限定条件，即你的交谈对象是谁，这是人物限定；你和对方要谈论什么，这是话题限定。这样就能确保和对的人谈论对的事情。

（2）你想谈论多久？对方有多长时间听你讲？这里就是时间限定，即你在和别人谈论某个话题时，你心里计划和对方谈多久，同时搞清楚对方有多少时间和你谈话。这就需要你察言观色，判断对方是否很忙，判断对方是否已经对你的谈话失去了耐心。这样你就不能无所顾忌地聊下去。

（3）观察周围的环境，看环境是否适合你多讲几句。一般来说，环境嘈杂、听众情绪焦虑时，应长话短说。反之，环境安静，听众悠闲，则可适当多讲几句，但也不宜超出听众的忍耐范围。

一位新上任的妇联主任，面对全村的父老乡亲，鉴于当时环境嘈杂，听众注意力易分散，她决定简单地讲：“大家选我当妇联主任，是瞧得起我，我请大家放心，我也是女人，我也有丈夫，我也生过孩子，我知道哪些利益该为咱们妇女去争取，哪些事情该咱们妇女去干！我在这里表个态，一定会认真干，假如干不好，大家另选别人。”她的讲话精练务实，赢得了现场听众的热烈掌声。

你的重点在哪里

“您好！您现在有时间吗？那个……是这样的，我们这有一款产品，然后……”

“您好，陈经理，我是××公司的小李，××公司已经成立三周年了，和行业很多公司都有过合作，不知道您是否听过我们公司……”

如果你接到这样的推销电话，对方上来就说一堆废话，你根本听不出重点，不知道对方到底想说什么，你会有什么感受？恐怕你会毫不犹豫地挂断电话，因为你没有耐心听对方废话连篇。

我们在沟通中，也可能犯同样的错误——讲话没有明确针对什么问题而讲；铺垫太多，没有直指问题本质，没有浓缩讲话内容，导致废话太多，让人不知所云，影响沟通质量。

销售员王川慌慌张张地从外面跑进经理的办公室，汇报道：“经理呀，出事了，今天早上我去拜访客户，听到客户说货丢了，包被打开了，我想可能是被客车司机搞坏了，或是快递员拆开了，客户已经报警了，警察在现场取证……”

“先别说那么多，告诉我损失了多少？”经理生气地大声提醒。

经理为什么生气？因为他从下属的话里听不到重点。沟通时，重点不明确是造成话语啰唆拖沓的重要原因之一。要想使你的话语简洁明了，就必须

对你所要讲的内容作认真的思考和准备。

有人问美国第28任总统伍德罗·威尔逊："准备一份10分钟的讲稿，得花多少时间？"

威尔逊说："两个星期。"

那人又问："准备一个小时的讲稿呢？"

他说："一个星期。"

"如果准备两个小时的讲稿呢？"

威尔逊笑了笑，答道："不用准备，马上就可以讲。"

这个例子告诉我们，讲话前的思考和准备是必不可少的，尤其是公众演讲。在沟通中，虽然不必准备讲稿，但在开口前，在大脑中对自己想说的话进行思考是必须的。只有经过大脑思考，才能确保不说错话、不说废话。

那么，在思考和准备阶段应该怎么做呢？

1. 针对主题明确重点、突出主旨

在确定了主题后，要围绕主题选材，与主题无关的话题、词汇、语句，即使你觉得很有趣，也要坚决舍弃。很多人在说话的时候也明白要扣题，但有时候管不住自己的嘴巴，一打开话匣子，就不加思考地说起来，这样就很容易让谈话变得啰唆冗长。例如：

甲：我觉得选择蓝色不错，很适合这个房间。你觉得蓝色怎么样？

乙：首先，这个房屋的面积很大。其次，房子里的摆设也很前卫，看起来主人应该是一个比较时尚的人。我认为应该选黄色。不过，就是阳台角落里好像缺了些什么，最好放上一盆植物……

想让这段对话变得简练，或为避免发生类似的状况，必要时需要在说话的时候，学会给自己总结出几个关键词。在表达的时候，尽量围绕这些关键词展开，如下：

甲：我觉得选择蓝色不错，很适合这个房间。你觉得蓝色怎么样？

乙：蓝色很不错，给人一种心情放松的感觉。不过这个房子的面积很大，摆设也很前卫，蓝色是不是有点复古了呢……

在这段对话中，乙能够紧扣“蓝色”主题阐述自己的观点，言语简洁，意思明确。这段对话告诉我们，要想实现精练表达，就必须强调重点。为此，你要记住以下几点：

（1）与主题格格不入的话不要讲；

（2）一些看似与主题相关，但细想后，发现与主题的关系并不大，这样的话题最好别讲；

（3）针对特定主题，你应该有自己的观点，并用一句话总结出自己的观点，这就是你讲话的主旨。

2. **针对个人观点，设计清晰的表达思路**

当你对某个主题有了自己的观点后，你就有必要设计清晰的表达思路。特别是在叙述一件复杂的事情或驳斥某种观点、阐述个人观点前，一定要在大脑里打一遍“草稿”，梳理一下思路，这样可以大大提高语言的逻辑性。

不少人在讲话前，对自己的观点很明确，可开口后大脑却一片空白，或脑子稀里糊涂，伴随而来的就是啰唆拖沓和毫无逻辑的表达，让人听不明白。造成这种现象的原因就是事先没有设计表达思路，没有安排好话语的结构层次，没有想好先讲什么，后讲什么。

俄国作家契诃夫的话剧《三姐妹》中有一个经典的例子：

一位名叫契布蒂金的医生说：“我既然是个医生，就一定什么病都会治，可是我什么都不会，我从前懂得的，现在全忘了，一点也不记得了。上星期，在俱乐部，大家谈话时谈到莎士比亚、伏尔泰，他们的著作我什么也没有读

过，可是我却装出读过的神情，于是我就想起星期三治死的那个女人来，于是我就跑出去，就喝起酒……”

契布蒂金想诉说自己的生活多么无聊，处境多么糟糕，可他是一个百无聊赖、精神颓废的人，对什么事情都无所谓，结果说了一大堆乱七八糟的事情，让人听起来漫无边际，毫无反应。整段话听下来，你根本不知道他想说什么。这就是典型的讲话没有逻辑，条理不清，思路不明。

要想避免出现这种尴尬局面，你在说话前需要做到：

（1）理清思路，对自己要说的话列一个先后顺序，先说什么，后说什么，心中要明确；

（2）把你的想法简化为能让人理解的表述，即用别人听得懂的话表达你的意思；

（3）讲话要注意前后联系，过渡转折应顺理成章，不要牵强。

对于那些可长可短的话，应该力求简短；对那些可说可不说话的话，尽量不要说。这样你说出来的话才能确保重点明确、言简意赅。

多说无益，要控制时间

时间就是金钱，时间就是生命，对于忙碌的工作者，如果你能为他节约时间，他们会对你感激不尽。因此，当你面对这样的谈话对象时，谨记精确表达的原则——只说重点，浓缩再浓缩。如此，才能控制好时间，实现高效沟通。

德国著名的医学家威廉·格里辛格医术高明，他每天都要面对络绎不绝的患者。为了能给更多的患者看病，他养成了说话简练、做事利索的习惯。为病人看病时，他只想知道那些最重要的信息。可有些病人不能理解他的良苦用心，总喜欢反复地描述自己的病痛和感受。这种啰唆的表达极大地浪费了他的时间，让他感到十分厌烦。反之，如果患者能够简练表达，他会对其心存感激。

有一次，格里辛格接诊了一位女患者，在检查她的伤势后，格里辛格问道："事故?"

女患者说："玻璃碎片儿。"

"何时?"

"昨天早晨!"

"已处理过?"

"碘酒。"

"还痛吗?"

“一点点。”

格里辛格又仔细地检查了患者的伤口，迅速地为她包扎，前后仅花了几分钟。

“费用?”女患者站起来问道。

“真令人高兴，”格里辛格笑着说，“不用付钱，夫人。你简洁的叙述使我今天有时间多看几个病人，谢谢您!”

懂得为他人节省时间的人是值得尊敬的，这不只是一种礼貌，更是一种修养。在沟通中，一次良好的谈话应该做到见好就收，适可而止。如果你控制不好时间，讲话太多，用时太长，就很容易让听众厌烦，听众走神也是在所难免的。

之所以这么说，是因为在交谈中，讲话者面临的一个重要挑战就是听众的注意力持续的时间。2008 年，英国 TSB 公司做过一项有关行为的研究，得出一个惊人的结论：人的注意力平均只能维持 5 分钟零 7 秒。而 1998 年，该项研究的结论是：人的注意力平均能维持 12 分钟。

为什么两个数据差那么多？因为时代不一样了，今天是个信息大爆炸的时代，人的注意力持续时间普遍在下降。在这种时代背景下，高明的、受人欢迎的沟通无疑是在保证双方听懂彼此意思的前提下，尽量控制沟通时间。为此，我们有必要做好以下两点：

1. 只讲“干货”，不讲“水货”

为什么干鱼比新鲜的鱼贵？为什么干香菇比新鲜的香菇贵？因为它们是干货，是蒸发了水分后，浓缩下来的上品。尽管经过晾晒，鲜鱼、鲜香菇的重量变轻了，但留下的都是精华，其营养价值丝毫不比新鲜的鱼、香菇差。

沟通与表达也是这个道理，听众都喜欢听到“干货”，即你的重点、要点，这是精华的内容，听众只要一听就能明白，完全没有必要你多费口舌，讲一些不着边际的话来铺垫和解释。所以，沟通高手会这么做：

（1）去除话里的“水分”，拔掉话里的“杂草”，即将可说可不说的话，将与主题不相关或相关性不大的话删减，只围绕主题去谈话。

（2）在讲主题时，也要字斟句酌，能用一个词表达一个意思，绝不会用两个词，更不会用一句话。

做到这两点，就能让谈话变得精练起来，解放听众的耳朵，安抚听众的耐心，迎合听众持续时间短、易受干扰、易分散的注意力。这样表达，自然受听众欢迎。

2. 适当控制好每次谈话的时间

世界演讲届的奥林匹克 Toastmasters International（国际英语演讲协会）演讲比赛规定，每一位演讲者每次演讲的时间不能超过 7 分 30 秒。全世界最大的演讲平台 TED 规定，无论谁在台上做演讲，每次演讲时间都不能超过 18 分钟。

为什么要规定时间？因为这些机构认为，在规定的时间内可以说尽世界上最重要的故事。当然，对于不会精确表达的人来说，你给他的时间越多，他讲的废话会越多。可见，这些演讲机构规定时间用意很深，不仅促使演讲者精确表达，还在为听众着想，以增加节目的收视率。

对于普通场合的交谈，虽然大多数时候，别人不会给我们规定时间，但我们应该自觉地给自己规定时间：

（1）每次谈话最好控制在 30 分钟之内。同时，注意观察沟通的另一方，看他是否处于忙碌状态，并视具体情况灵活收放你的谈话时间。比如，见客户的时候，秘书过来提醒客户 10 分钟后开会，那你最好将谈话控制在 5 分钟内，剩下 5 分钟留给客户去为开会做准备。

（2）交谈过程中，每个人的发言时间不宜太长，3 分钟左右足矣，确保对方有表达的机会。切勿一个人喋喋不休地诉说，让对方长时间扮演听众角色。否则，对方很容易厌烦、走神。比如，针对某个主题交谈，你说了几句后，就应自觉地停顿，看对方是否有想表达的意愿，给对方表达观点的机会，而不是一个人自顾自地表达。这样才能将对方调动起来，让你们实现双向沟通。

小心含糊其词毁了你的形象

你想在听众面前树立一个可信度高的形象吗？那就从今天开始，改掉含糊其词、过分谦虚的表达方式。

前段时间我听了一场演讲，演讲者是一位资质很高的行业专家，讲的是企业管理课程。在演讲过程中，为了体现自己的亲和力，他表现得过分谦虚，用词含糊，频繁地说这类话：

“不好意思，占用大家时间了！”

“我讲的不一定对，仅供参考！”

“大家可以随便听一下！”

“这个问题可能……”

“我想大概是……”

不少人认为，用这类话语来表达自己的态度，可以显得不那么高调、自负，还能确保不说错话，不会引起听众的反感和质疑。但实际上，这种表达方式是另一种极端，会让你给大家留下一种不自信、缺乏安全感的形象，听众会觉得你没有鲜明的态度，还会认为你是一个圆滑、世故、保守、自我防卫过度的人。

最常见的含糊其词、过度谦虚的口头禅有这样几种，你可以对照一下，看看自己是否有类似的问题。

1. **“我认为”**

这个词可以用来缓和语气，只不过它会削弱你观点的坚定性，让别人不敢相信你。我们来对比下面几种说法（见图16）：

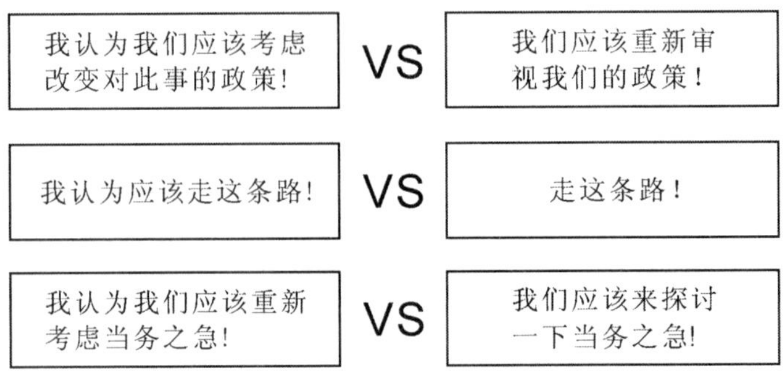

图16　“我认为”对表达效果的影响

对比一下上面三组话，你会发现后面三句话不但铿锵有力，而且简洁有力。在交谈中，运用后一种表达方式，可以表达鲜明的观点，实现精确表达。

2. **“差不多”和“算是吧”**

这两个词的泛滥程度不亚于如今的雾霾。在职场和沟通场合，经常有人将这两个词挂在嘴边，他们似乎意识不到有什么不妥。我的很多客户都觉得，使用这两个词可以让自己说话不那么武断、冒险，表现得不那么自大。但是这两个词也埋没了他们的想法，让他们的讲话变得平淡无奇。我们再来对比以下三组说法（见图17）。

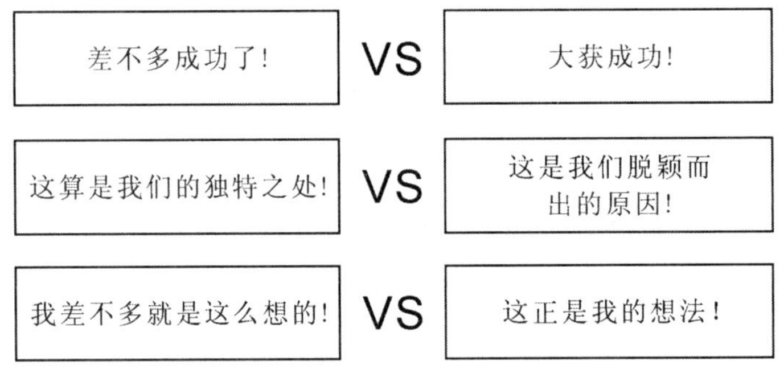

图17　“差不多”和“算是吧”对表达效果的影响

在以上两种表达中，女性朋友更倾向于使用前一种表达。我曾与一些女性朋友聊过这个问题，她们给出的解释是：使用前一种表达能让她们在端庄稳重和强势之间找到平衡点。我的建议是：赶紧放弃这种含糊的表达方式，用热情友好的举动来柔化她们的形象。

3. **“……但是……”**

“这个想法也许很蠢，但是……”

“我知道你也许有更好的人选，但是……”

“也许这个想法不值一提，但是咱们不是常说应该集思广益吗？”

试着读几遍，体会一下，是不是觉得这种表达很别扭？别自信地认为这种表达方式多么高明，实际上它很招人烦。因为一旦说了“但是”，听众就会意识到你将说出一些不受欢迎的内容。用这种否定的表达方式说出来的话，会让听众在你说出想法前就否定它。

4. **“我只占用你 2 分钟”**

“我只占用 2 分钟”，可实际上占用了几分钟呢？说出这句话的人往往会食言，占用他人远远不止 2 分钟。这就像“钱已汇出”这样的短信，是我们最常听到的谎言，它经常出现在电话推销和推广会中，说这话的人本意是为了成功接近别人，让别人给他介绍产品、表达想法的时间。

可是，当对方答应了他后，他就完全忘记了自己的“约定”，嘴上说只占用 2 分钟，可实际上却滔滔不绝地讲了 5 分钟、10 分钟，甚至 15 分钟、30 分钟时，你知道听众的心情吗？他们肯定会觉得你是个“骗子”。所以，如果你不想遭到客户的拒绝和厌烦，你最好换个说法：“我知道我们都很忙，我也是，所以我们直接进入正题吧！”

如果想彻底根除以上介绍的几种不良口头禅，你需要下一番苦功：

1. **杜绝法——按部就班，逐个根除**

不要幻想一口气改掉多种不良口头禅，你最好每个月选择一种表达方式有针对性地改正。只要你开口说话，就提醒自己不去犯错。等你逐个改正后，你就要全面要求自己了，即在讲话中不说任何一种不良口头禅。

2．替代法——用积极的词代替含糊的词

要根除不良的口头禅，可以选择用积极的口头禅来替代。比如，将柔弱、消极的字眼，替换成积极、正向的字眼，这样马上能让你的表达铿锵有力，听众也能感受到你坚定的立场。例如，把“我正在试着开发新产品”改为“我正在积极从事产品的开发”；把“我们遇到了问题”改为“我们正在接受挑战”。这样听起来是不是感觉好多了？

3．引导法——引导利益在先，吸引听众的注意力

要想让你的讲话观点鲜明、铿锵有力，可以在讲话前用一些引导利益的口头禅吸引听众，让听众把注意力集中在你的讲话上。例如：

“我要告诉各位一个秘密，请大家务必保密……”

“这一点最重要。希望各位记下来……”

“这个观点是我首次在公开场合讲……”

“我要和大家分享一个惊人的事实……”

小小的改变，可以让你的语言听起来带劲很多。谨记，说话不要过分谦虚，不要含糊其词，要态度坚定、观点鲜明，这样会让你的表达更简练、更精确。

抓住听众聆听时的兴奋点

戴尔·卡耐基是美国著名的人际关系大师，在他的著作《人性的弱点》这本书中，有这样一段话：

每年夏天，我都会到缅因州钓鱼。就我自己而言，杨梅和牛奶是我的最爱。可真搞不懂为什么，我发现鱼最爱吃的是小虫而已。所以每次钓鱼，我想的都不是我想要什么，而是琢磨它们要什么。杨梅和牛奶自然就派不上用场了，一条小虫或是一只蚱蜢则成了最好的诱饵，我把它们挂到钓钩上，对鱼儿说：都来吃点，怎么样？

想要钓到鱼，就得准备鱼爱吃的饵料；想要听众把注意力集中到你的讲话上，你就得讲点让听众感兴趣的话题。这是多么简单的道理，可很多人却将它忽视。我见过很多口齿伶俐、非常健谈，但是称不上表达精确的人，他们在交谈中总是以自己为中心，讲自己感兴趣的事，而不考虑听众喜欢听什么。

对于这种人，我想提醒一句："你不讲听众感兴趣的东西，他们就会忽视你的讲话。结果你讲了半天，白费了口舌，却达不到想要的沟通效果，你的沟通不就失败了吗？"所以，会讲话的人总会设法找到听众的兴趣点，讲听众感兴趣的东西，让听众变得兴奋起来。

著名的演讲家罗索·康威尔曾针对《如何寻找自己》这个题目，反复发表过近6000次讲话。很多人认为，重复那么多次的讲话，肯定不会有什么新意。但事实并不是这样，康威尔知道，每一场演讲听众的层次与背景都不尽相同。他要做的就是让听众觉得演讲是为他们量身定做的，因此，他在演讲前会做足准备。

怎样准备呢？他在自传中这样写道："当我受邀去某个城市或某个小镇访问时，我总会想办法提前到达，去拜访那里的邮政局长、旅馆经理、学校校长、牧师等人，找时间同当地人交流，了解当地的历史文化背景和那里的人们拥有的发展机遇。然后，我会根据这些题材，发表适用他们的演说。"

抓住听众的兴趣点来发表演讲，既可以吸引听众的注意力，又能令自己快速进入状态。康威尔是怎么做的呢？他经常在演讲中穿插一些当地人的谈话和实例，由于讲话内容贴近听众的生活、兴趣和困扰，因此可以很好地与听众建立一种亲密的联系，吸引听众的注意力，确保获得理想的演讲效果。

抓住听众聆听的兴奋点，才能把话说到他们的心坎上，这是一种高超的表达技巧。无论你是与朋友聊天，还是与客户交谈，多谈一谈对方感兴趣的话题，刺激对方的兴奋神经，更容易赢得对方的认同。

每个人都有自己感兴趣的话题，有意识地谈论对方感兴趣的话题，比漫无目的地闲聊强一百倍，也能减少无效沟通给人造成的时间浪费。

下面我们就来介绍听众的兴奋点有哪些，又怎样去抓住听众的兴奋点。

1. 最能激起听众聆听兴趣的话题

尽管不同的听众会对不同的事物和话题感兴趣，但有些话题不管面对怎样的听众，都能激起对方的兴趣。总结下来，有这样几个：

（1）与听众自身利益密切相关的话题。

天下熙熙，皆为利来；天下攘攘，皆为利往。谁不关心自己的利益呢？在交谈中，如果你能抛出与听众利益密切相关的话题，就不愁听众不竖起耳朵听你讲。比如，销售员拜访客户时说："我有办法让你公司每年节省100万

元的开支，想不想听听?”试问，客户可能拒绝推销员，对推销员说“出去，我没有时间听”吗？绝对不会。因为推销员抛出的话题太吸引人，一下子就抓住了客户聆听的兴奋点。

（2）与听众的兴趣、爱好相关的话题。

每个人都有自己的兴趣、爱好，在交谈中，如果你能主动聊到对方的兴趣、爱好，自然而然会吸引对方倾听，激起对方的表达欲望。例如，不知道上司爱钓鱼，某天你与上司出差，途中与他聊起钓鱼这个话题，上司肯定会滔滔不绝地跟你分享他的钓鱼经历。这时你再向上司请教钓鱼的技巧，上司肯定不吝赐教，说不定下次他还会主动邀请你一同去钓鱼呢！

（3）听众的得意之作。

每个人或多或少都有一些得意之作，了解对方的得意之作，有意地和他聊起来，并表达你对他的仰慕和认可，对方肯定会对你产生好感。在求人办事前，先聊一聊对方的得意之作，办事会顺利很多。

美国优美座位公司的经理亚当森拜访柯达公司创始人伊斯曼，希望得到一笔价值9万美元的生意。伊斯曼的秘书提醒亚当森：“如果您占用伊斯曼先生的时间超过5分钟，您就完了。他是一个很严厉的大忙人，所以您见到他后要快点讲。”

亚当森在秘书的指引下进入伊斯曼的办公室，见伊斯曼正在埋头处理文件，就仔细打量了其办公室。过了一会儿，伊斯曼抬头发现了亚当森，亚当森没有谈生意，而是说：“伊斯曼先生，在我等您的时候，我仔细地观察了您这间办公室。我本人长期从事室内的木工装修，但从来没有见过装修得这么精致的办公室。”

这间办公室是伊斯曼亲自设计的，是他的得意之作，他很开心地与亚当森聊了起来。一聊就是一上午，中午伊斯曼还邀请亚当森共进午餐。最后，亚当森不但得到了那笔生意，还与伊斯曼成了好朋友。

这就是谈论对方得意之作从而实现精确表达并成功做成生意的成功案例。当然，每个人的得意之作都不同，有些人的得意之作是自己的事业，有些人的得意之作是自己某次成功的经历，有些人的得意之作是自己优秀的孩子。你的交谈对象有什么得意之作呢？这就需要你去挖掘了。

2. 提前准备，了解听众的兴奋点

怎样才能在交谈中抓住听众的兴奋点呢？其实，最简单、有效的办法是提前准备。在这方面，美国前总统罗斯福堪称典范。罗斯福学识渊博，口才出众，并且深谙人际交往之道。凡是拜访过罗斯福的人，无不赞叹他的表达技巧。有人曾透露，不管是牧童还是骑士，不管是政客还是外交家，罗斯福与他们都有话题可聊。罗斯福是怎样做到的呢？其实没有别的技巧，罗斯福只是在客人来访前，去了解对方感兴趣的话题。

3. 学会观察，敏锐地发现听众的兴趣

对于初次交往的对象，你可能无从了解他们感兴趣的话题。在这种情况下，你最好在交往中多留心，敏锐地洞察对方的兴趣。

（1）在交谈中观察对方的面部表情，察觉对方喜欢谈论哪方面的话题，并顺应对方的喜好，主动谈论相关的话题。在谈论自己感兴趣的话题时，人的面部表情会显得兴奋，多留心观察，你就会发现对方对什么感兴趣。

（2）观察对方的穿着打扮、周围环境，从中察觉对方的兴趣。比如，拜访客户时，见客户办公室的书架上有多本戏曲方面的书籍，那你可以大胆地与对方聊戏曲，这样就很容易拉近与对方的距离，为你的拜访打下基础。

寻找要点，创造高潮，充分强调

很多人都听过一些演讲，但听完演讲后，往往记不住演讲者说的内容，或者记忆不深刻，但演讲者带给听众的感受，听众会一直记得，而且记得很久。之所以出现这种情况，是因为演讲者讲出来的，和听众接收到的并不是一回事。

听演讲就像是听一首新歌曲，只听一次也许记不住歌词，但这首歌的高潮部分的音律你会印象深刻。当有一天，你走在街角再次听到这首歌时，你会不自觉地跟着哼起来。也许哼出来的歌词不一定精确，但不会跑调。

一首好歌最吸引人的是高潮部分，动听的旋律，贴切的歌词，不断地重复。每一次重复都是一次强调，都会加深你的记忆。其实，讲话和唱歌一样，要想被人记住，也需要有要点、有高潮、有重复。我把这个概念总结为一句话——寻找要点，创造高潮，充分强调。

在一段讲话中寻找要点，创造高潮，充分强调，这并不是什么难事。因为每一段讲话都有重点，都有关键性的话语，你都可以对其进行强调。这就像歌曲中的高潮部分，通过不断重复深入听众的记忆。

你表达的高潮部分可以是一句最想让听众记住的话，比如，一句名人名言，一种价值观。尽管讲话不是教学，但我们都希望听众记住我们的话。面对专注力、记忆力有限的听众，如果我们讲话的重点、要点能被记住，即便剩下90%的内容被听众遗忘，那也不失为一次成功的讲话。

1. 你讲话的要点你最清楚

要点就是重点，它可以是一条，也可以是多条。在交谈中，你带着什么样的目的，你想表达怎样的观点，你心里比任何人都清楚。你只需要将你讲话的要点言简意赅地表达出来，越简单越好。最好是一句话，甚至是一个词，容易让听众明白，便于记忆，感到震撼。这样你的讲话就更能打动人。

比如，在拜访客户时，你与客户聊到了你们产品的特点，在讲到高潮处，你说出了本次拜访的目的，即你讲话的要点："鉴于我们以往愉快的合作经历，我给你最低价格。如果一次性购买额满 5 万元，我们可以给您打 8 折。"这是初次说明要点，在随后的强调中，你可以将其精确为："给你最低价格，满 5 万元打 8 折。"

对于公开演讲来说，要点可以是名言、警句或简短的议论。当然，要点不是空穴来风的，而要从可靠的事实或充分的事理中提炼出来，切忌牵强附会，生涩难懂。

2. 制造高潮的 5 种方法

当代著名演讲家李燕杰教授曾说过："一次演讲，怎样达到高潮？这需要演讲者在感情上一步一步地抓住听众，在理论上一步一步地说服听众，在内容上一步一步地吸引听众，使听众内心的激情逐渐燃烧起来，演讲将自然地推向高潮。"不论是公开演讲，还是说服客户，要想抓住听众、说服听众、吸引听众，将讲话内容推向高潮，都需要从准备讲话内容开始下手：

（1）通过对所举的事例进行精确的阐述分析，从中提炼出惊人的观点，掀起高潮；

（2）运用比喻、对比、排比等修辞手法，掀起表达高潮；

（3）通过提炼讲话的重点，一语中的，使听众为之折服而掀起高潮；

（4）设计自然得体的动作，饱含真挚热烈的情感，为听众创造一个动人的意境而达到高潮；

（5）用富于变化的表达方式，时而轻松谈笑，时而严肃论理，时而慷慨激昂，时而诙谐幽默，调动听众的情绪，掀起一个又一个高潮。

3. 高潮时强调要点的技巧

精辟的要点和精彩的高潮，不能缺少高明的表达方式，来实现强调的目

的。当你的讲话有了要点，又设计了高潮，怎样借助高潮来强调要点，就成了讲话的重点。我们以公开演讲为例，介绍几种实用的强调要点的技巧。

（1）要表现出自信和坦然，面带微笑，充满激情，慷慨激昂。

（2）强调要点时，要勇敢地与听众对视，用你的目光与听众进行情感交流。

（3）强调要点时，一定要脱稿讲话，用自己的语言进行演讲，增加听众与你的亲近感。

（4）发挥肢体语言的感染力。比如，走近听众，身体前倾，再结合强有力的手势语言，带给听众感染力。

这些技巧不仅适用于公开演讲，对于一般性的谈话同样适用。例如，你和客户谈生意，在讲话到了高潮时，你应该表现出自信、激情，微笑着与客户对视，用你的眼神告诉客户："相信我没有错，我们的产品绝对是 No. 1。"

你与客户原本是面对面坐着，当你讲到高潮处时，你可以站起来，走近客户，或者对客户做出自信、有力的手势，用身体语言去感染客户，赢得客户的信任，提高拜访客户的成功率。

这样做，能帮你讲的话降低卡路里

在一次沟通聚会上，我礼貌性地向身旁的女士打了声招呼，并寒暄了一句“最近过得怎么样”。该女士就像着了魔一样，喋喋不休地向我倾诉她生活中的琐事。

当时我真想当着她的面拿出耳机，把两只耳孔塞住，然后把音乐的音量调到最大。我后悔没有给她一份礼仪手册，以提醒她过多无用的信息对沟通带来的负面影响。别人跟她寒暄是为了表示友好，她以同样的方式回应即可，遗憾的是，她天真地以为对方真的很想听她讲述生活琐事。

她讲到了最近遭遇的一件不幸的事情：“我儿子最近很倒霉，在校足球比赛中摔伤了胳膊，然后住进了医院。我儿子是校足球队的主力，他的缺席给球队带来了麻烦，结果那场比赛大比分落败。事实上，我儿子是被对方球员推倒的，但裁判没有做出公正的判罚，这一点最令人气愤了。”

听到这里，我关切地问对方：“你儿子的伤势怎么样?”问了这句后，我就后悔了，因为她又滔滔不绝地讲了一堆话。“我儿子摔得很重，去医院拍了片子，医生说他骨折了……不过他很坚强，没有几天就出院了，带着伤去上课。他的成绩很好，稳居在班里前五名……还是学习委员……”

生活中，还有不少像这位女士一样不懂得精确表达的沟通者。关于精确表达，我常用一个比喻来描述它。就像我们每天摄入的卡路里，有一个固定的数字，比如 2200 卡，一旦超过了这个量，对我们的身体就会造成负面影

响，比如造成肥胖。每天的说话量也有一个固定的数字，比如，n个字，一旦超过了这个数，就会患上“语言肥胖病”。

之所以要精确表达，还有另一个原因——提升表达精确度，提高沟通的质量。如今，在信息爆棚的时代，人们走神的速度远比物价上涨的速度快。与曾经盛极、现在依然被人们广为应用的电子邮件相比，短信沟通显得更快捷；微博代替了博客，微信代替了QQ，这就是我们生活的世界。听众在短暂的专注状态下，只能消化非常有限的信息。既然如此，我们又有什么理由向对方灌输一大堆信息呢？

事实上，没有人愿意患“语言肥胖病”，而患这个病往往是因为不懂如何精确表达，没有掌握精确表达的方法，不知道怎样给自己的语言“减肥”。下面我就来分享几条关于精确表达的技巧：

1．有明确的开头和结尾

在讲话前，先想好怎么开头，然后稳定情绪，确保在讲话的前几分钟内自然地表达。这几分钟是你最紧张的时候，所以一定要做万全的准备，让别人知道你要讲什么。

很多人在演讲结束时，总喜欢以空洞的概要和总结来收尾，这种收尾方式太过平淡。我建议你在结尾来点冲刺，比如，做一个夸张的动作，重申自己的观点。只要是在你讲话目的的指导下，你就可以灵活地发挥。

2．删除不必要的中间内容

明确了开头和结尾后，讲话的中间内容就应该删繁就简，这是培养表达精确明快的一种有效方法。怎样删繁就简呢？以演讲为例，我常常可以把演讲内容删减三分之一甚至一半。至于到底要删到什么程度，与你演讲的时间直接相关。如果演讲时间充裕，你没有必要删掉原计划的讲话内容。如果时间有限，你就要在删选内容上下功夫了。

有一次，我要去成都一个企业联盟举办的培训会上做演讲。对方原计划给我1个小时的演讲时间，可是在我登台前，举办方对我说：“前面几位老师演讲的时间超出了预计，导致你没有1个小时的演讲时间，你能不能想办法精确你的演讲？拜托了！”

我是做什么的？精确表达是我的拿手好戏，这对我来说根本不算什么。我爽快地接受了对方的请求，并且在10分钟内明确我的演讲内容。最后，我没有明确开头和结尾，只是把中间20张幻灯片删掉了15张。那一次，我的演讲令大家印象深刻。

如果你以后在讲话时遇到了类似的情况，比如，客户有急事，只给你5分钟的时间，而你原本计划和客户聊30分钟，这时你就必须快速精简你的讲话内容，挑重点内容说。你可以参考以下的方法来做：

（1）保留原有的开头和结尾。

（2）从中间部分开始删减，例如，中间部分有5个要点，你可以去掉2个，留下3个。

（3）在剩下的3个要点之间设计自然的过渡，把3点串联起来。

（4）确保删减后的内容仍然可以引出你的结论。

3. 尽可能多地掌握词汇

法国著名作家福楼拜曾告诫人们：“任何事物都只有一个名词来称呼，只有一个动词标志它的动作，只有一个形容词来形容它。如果讲话者词汇贫乏，说话时即使搜肠刮肚，也绝不会有精彩的谈吐。”这就是词汇的力量，如果你词汇量匮乏，那么精确表达对你来说就可能成为一种奢望。

有一次，我在当地派出所办事时，听见了这样一段对话：

“你好，我是一名大学生，我的身份证过期了，之前户口又转到我学校那边了，现在我想重新办一张身份证，需要……”

“你是想办户籍证明是吧？”

“是的，就是户籍证明。”

“那就直接说户籍证明啊，多简单！”

办事员提醒得很到位，既然需要办户籍证明，那就直接把这几个字说出来，没有必要啰啰唆唆说一大堆，还让人不知所云。这个例子就说明了多掌握词汇的重要性。

当你具备了丰富的词汇量时，你只需说出某个名词，别人就知道你在说什么；你只需说出某个动词，别人就知道你讲的是什么；你只需说出某个形容词，别人就知道你说的是什么状态。而想拥有丰富的词汇量，最好的办法就是多看书，多积累词汇量。

第6章

控制语速：适时停顿，戒掉口头禅

说话的时候，语速过慢或过快，都是一种极端，都会影响表达的效果。沟通高手都会注意语速的把控和适当的停顿，以确保自己所表达的意思能够精确地传达给听众，同时也能给自己塑造一个良好的语言风格和表达形象。

塑造独一无二的表达风格

所谓表达风格，指的是人们在沟通活动中形成的稳定的、鲜明的、独特的表达手段和表达方法，从而展现出一种个性十足的风貌、格调。一位表达高手，在与人交谈时，除了尽可能地把话说到点子上，还应该注意语气的顿挫、手势的得体和意蕴的风趣，从而塑造出良好的能够体现自己特色的表达风格。

塑造良好的、独一无二的表达风格，对提高表达效果很有帮助。一个人有自己的表达风格，说话才容易吸引人，并产生应有的魅力。同样，如果你想成为说话高手，你的表达也必须有某种不同于他人的地方，以便让人对你印象深刻。

凯欧库克旅馆是美国艾奥瓦州锡格尼市的一家很有名的旅馆，该旅馆方圆几十里的范围内是推销员最爱光临的地方，而不管远近，他们都喜欢到凯欧库克旅馆投宿。为什么呢？原因很简单，该旅馆的老板人称“快乐的韦勒”，是一位笑口常开的人。无论与谁交谈，都能说上几句好听的话。凡是去他旅馆投宿的人，从来没有听到他对谁说过一句不顺耳的话。韦勒与众不同名的表达风格，成就了旅馆顾客盈门。后来他成功了，成为当地有名的富翁。

你的表达风格会为你的名声和成功做出重要的贡献。如果你对上级讲话过于谦卑，上级就可能认为你缺乏能力和信心，不敢对你委以重任；如果你

对下级讲话趾高气扬，甚至带着鄙视的口吻，那么下级就会怨恨你；如果你对朋友讲话过于随意，说话不假思索，就容易在无形中伤害对方，造成不必要的误会，影响朋友之情。所以，表达风格不仅仅是说话的方式方法问题，还是说话的态度问题，更能反映出你的为人态度和修养。

那么，究竟应该怎样塑造你的表达风格呢？

1. 好嗓音——不要让你的声音惹人厌

我们经常会听到有人这样评价别人："那人说话的声音真好听！"动听的嗓音确实能给听众带去一种享受。所以，设法让自己有一副好听的嗓音，会给自己的表达风格加分。

但是，有人可能会说了："嗓音是天生的，好听不好听早已成事实，怎么去改变呢？"这话说得不无道理，嗓音确实是天生的，但经过后天的修炼也是可以调整和美化的。下面，就介绍一些能够为你的嗓音加分的实用性办法：

（1）保持自我，坚持用原有的嗓音发声。看看那些著名的演员或演讲者，他们都有独特的嗓音，有些人的嗓音并不那么动听，但他们依然自信地表达，这丝毫不影响他们表达的吸引力。所以，要对自己的嗓音保持信心，信心是最动听的"嗓音"。

（2）不要让你的话听起来带有"不确定性"——声音不要颤抖，不要犹豫。

（3）发音要清晰，不要含糊——不要用鼻音说话。

（4）不要咕哝——听起来好像在自言自语，声音过低、不清晰，让人同样觉得你不确定。

（5）声音不要过尖、过高——过尖会刺耳、过高会给人压力。

（6）尾音不要过低——声音不要越来越小，最后听不见。

（7）说话不要忽快忽慢——说话讲究节奏，但过于频繁的忽快忽慢会让人受不了。

2. 简洁明快——把话说到点子上

有些人叙述一件事时，讲了很多话，但还是无法把核心意思表达出来，以至于听众费了很多精力，仍然不理解对方想要表达什么意思。如果你有这种毛病，那一定要尽快改正。

（1）讲话前，先在大脑中列一个简单的大纲，先讲什么，后讲什么，要想清楚；

（2）在重要讲话前，最好在纸上列大纲，写出关键字，讲的时候便于串联内容；

（3）思考你要讲的重点内容是什么，开门见山地讲；

（4）选择精确的词语来表达你的意思，一个词就能表达的意思，不用两个词。

3. 通俗易懂——用生活化的语言表达

表达得越通俗，别人越易懂，这是非常简单的道理。怎么做到通俗易懂地表达呢？

（1）除非在专业的学术论坛上，否则，面对一般性的听众，应该尽可能用生活化、形象化的语言去表达。因为普通大众对专业术语是难以消化的，一旦听众无法理解，你就无法实现精确表达。

（2）适当运用打比方等表达手法，这一点在前文已经提到过，在这里就举个例子，其他不再多说了。

在纽约国际笔会第48届年会上，中国作家陆文夫在发言的时候，有人问他：“陆先生，你对性文学怎么看？”这是一个忌讳在公众场合说的话题。陆文夫清了清嗓子说：“西方朋友接受一盒礼品时，往往当着别人的面就打开来看。而中国人恰恰相反，一般都要等客人离开以后才打开盒子。”这个简单的比喻既简练又通俗地回答了问题，当即赢得了在场人的热烈掌声。

说话时的形象比内容更能精确表达

一个人脸上长有疤痕，可以从镜子中窥见，可以使用化妆品或药品治疗、修复和弥补。同样，一个人在说话时的形象如果有缺陷，也可以通过发现缺陷、想出对策、弥补缺陷这样一个过程修复和完善。然而遗憾的是，很多人在重视说话内容的时候，没有意识到说话形象的重要性，结果影响了自己的表达效果。

一个人说话时的形象比他说了什么更重要。很多时候，人们在乎的是你以什么样的态度和形象说话。举个最常见的例子：

一个人微笑着对你说出一句伤你的话，你会很自然地认为那是开玩笑，并没有恶意中伤你。于是，你会笑着回应对方，和对方谈笑风生。而一个人露出恶狠狠的眼神，用冷酷的表情说一句褒扬你的话，你则会认为他是在反话正说、讽刺你，你会生气。

看到这样的例子，再联想到生活中类似的事件，你是否对“说话时的形象比内容更重要”有更深的理解呢？你是否有过“说好话却伤人，只因态度不好”的经历呢？你是否想改掉说话时不友好的态度、不受人欢迎的形象呢？那就拿起镜子，审视一下自己说话时的姿态吧！看看手势是否过多，表情是否太严肃，眼神是否太狠，语气是否太硬。然后，再参考以下的具体做法去改正吧！

1. 充分的尊重——友善的语气与举止

要想在说话的时候给人留下一个好形象、好印象，最基本的一点就是要表达对他人的尊重。尊重，听起来是一个较为抽象的词，要将其落实到具体的细节上：

（1）在与人交谈时，最好先礼貌地称呼对方，对长辈应多用“您”“您老”，以体现出对他的尊重。

（2）不轻易说出攻击他人、伤害他人的话。比如，脏话、粗话等等，是最忌讳说出口的。

（3）不随便做出不礼貌的举动，比如，说话的时候，用手指对他人指指点点、拍异性的肩膀、摸异性的头发，等等。

（4）说话时注意控制语气，不要轻易表现出讽刺、挖苦他人的语气。

（5）说话时注意控制情绪，切勿激动地唾沫横飞，这是极不礼貌、非常令人反感的。

（6）对他人提出批评时，切勿带着愤怒的情绪。明智的做法是，先肯定对方的优点，再委婉地指出对方的不足。例如，总经理在指出秘书的问题时说：“你这件衣服很漂亮，我希望你起草文件时注意一下标点符号，让你写的报告像你的衣服一样漂亮。”若这一招还不见效，那再真诚、直接地指出对方的缺点。

2. 热情的微笑——微笑是你最好的名片

谁都不愿意和一个态度冰冷、面色凝重的人谈话。无论你是否从事服务行业，你都应该学习服务行业从业者的服务意识，尤其是热情的微笑，这是赢得他人好感、拉近与他人距离的最好的名片。

（1）不论是与陌生人还是熟悉的人，见面时微笑示人，说话时面带微笑。

（2）无论是夸奖他人，还是指出他人的不足，最好都能面带微笑，这样对方更容易接受你的夸奖和指正。

（3）微笑一定要充满热情，任何假惺惺的、没有发自内心的微笑，都容易被人察觉出来。建议你在最初练习微笑的时候，对着镜子假装微笑，慢慢地练出自然的、热情的微笑。

（4）在你微笑的时候，配合声调的变化，比如，适当提高声调、加快一

点说话的节奏，让你的表达更有感染力。

3. **自然的语调——表达引人入胜的保证**

语调自然是说话引人入胜的重要保证。自然，即不矫揉造作、不装腔作势，这样的语调是最悦耳的。交谈不是演话剧，无须“演戏”，你只需把最真实的语调表现出来，做到自然流畅即可。

（1）如果你以往的声音较大，你在开口说话时，可以适当压低声音，保证语调低、小、稳。

（2）如果你以往的声音较小，你在开口说话时，可以适当清一下嗓子，略微提高音量，确保声音清脆响亮，以引起大家的注意。

（3）没有必要刻意隐藏自己的口音、语调等特别的说话方式，表现最真实的自己。

（4）运用习惯用语时，要注意分寸，切勿频繁地使用，以免引起听众的反感。比如，“太棒了”“真可怕”“好的”等等。

4. **合适的体态——肢体语言要精确得体**

在沟通活动中，除了使用有声语言，人们还会通过无声语言来传情达意。无声语言即肢体语言、体态语言，如眼神、肢体动作、表情等。研究发现，在沟通活动中，45%的信息是通过有声语言传递的，而55%的信息是由肢体语言传递的。一个会说话、擅表达的人，在讲话的时候，对肢体语的运用一定是精确、得体的。

在运用肢体语言时，应注意这样几点：

（1）肢体语言所传达的意思要与你所表达的意思相符合。

你嘴上对人说“欢迎光临”，双手却抱于胸前，而且面无表情，态度冷淡。你这种肢体语言明摆着是不欢迎人家，让人家作何感受？美国前总统尼克松就曾犯过类似的错误：在一次招待会上，尼克松用双手招呼记者们站起来，嘴上却说“大家请坐”，让记者们大伤脑筋。这就是肢体语言与有声语言不协调、相冲突的例子，对沟通气氛的维护和表达效果是非常不利的。

（2）肢体语言要简单精练，让人容易看懂。

你所表现出来的肢体语言要符合一般的生活习惯，要简洁明了，易于被人看懂和接受。不要搞一些特殊、复杂的肢体语言，让人捉摸不透。这样不但不能显得你有多高明，相反会引起别人的厌烦和不满。

（3）肢体语言要适度，切勿过于频繁。

有些人在说话时，不断出现各种肢体语言，例如坐立不安、扬眉、歪嘴、拉耳朵、摸下巴、搔头皮、转动铅笔、拉领带、弄指头、摇腿等等。动作太多、出现得太频繁，会分散听众的注意力，影响交谈的效果。

当然，要想精确地运用各种肢体语言表情达意，你需要先了解各种肢体语言代表的信息。下面，我们就来简单了解各种肢体语言在大多数时候所传达的意思：

头部姿势：侧向一旁，表示对别人的谈话感兴趣；挺得笔直，表示对别人的谈话持中立态度；低头，表示对别人的谈话不感兴趣或持否定态度。

肩部姿势：舒展，表示有决心、有信心；耷拉，表示心情沉重，感到压抑；收缩，表明在气头上；耸起，表明正处于惊恐中。

腿部姿势：跷起二郎腿，伴有两手交叉于胸前，收缩肩膀，表示已经感到疲倦，比如，听对方的话听腻了，对对方的话不感兴趣；与对方相对而坐，翘起的腿呈一个角度，表示此人很执拗，性格刚强好斗。若伴有双手抱膝的动作，则表示他对谈话不会让步；双腿交叉站立，表示不自信，紧张而不自然；收紧脚踝站立，表示想发火，正在千方百计地控制自己。

手部动作：扭绞双手，表示紧张不安或害怕；挠头，表示迷惑、不确定、不相信；双手交叉在一起朝上，表示精力集中、果断，有几分优越感；挠耳朵，表示不耐烦，不想再听对方说下去；用手轻触脖子，表示怀疑或持不同意的态度；把手放在脑子后边，表示不同意，想辩论；用手挡住嘴，或触及嘴唇或鼻子，是想隐藏内心的真实想法；用手指敲击桌子，表示无聊或不耐烦（用脚敲击地板同此理）；用手托腮，食指顶住太阳穴，表示正在斟酌别人说的话；用手托腮，表示无聊，想放松一下；轻轻抚摸下巴，表示正在考虑做决定；手指握成拳头，表示小心谨慎，情绪不佳；双手插在腰上，表示心

怀敌意，随时准备投入到行动。

坐姿：四肢伸开瘫坐于椅子上，表示自信，对别人有些瞧不起；骑坐在椅子上，表示对别人怀有敌意，或在向别人挑衅；坐在椅子边上，表示不自信，还有几分胆怯；趴着椅子坐着，表示对别人的谈话很感兴趣，也表示不拘小节；坐着时身体前倾，表示注意或感兴趣。

了解了各种肢体语言通常所传达出的信息，确保你在表达的时候，运用正确的肢体语言配合你的语言，精确地向别人传情达意。

语速太慢或太快都会破坏表达效果

几年前，我受某公司老板李先生之邀，去旁听他在分公司开幕式上的讲话。我的任务是帮他把脉、诊断。讲话原计划在20分钟左右结束，结果李先生讲了近40分钟，不仅效果不佳，还耽误了后面发言者的时间。

开幕式结束后，李先生让我提供一份“诊断报告”，我并没有照实说，而是先说了一番好话，满足一下他作为企业老总的虚荣心。李先生听到“专家”的表扬，顿时喜上眉梢，但接下来，他很有风度地说：“我这个人被高帽子戴惯了，今天请您来，就是想听实话的，您还是帮我挑刺儿吧！”

看着他眼神里露出虔诚的目光，我也坦诚地亮出了诊断报告：“我觉得你的语速有点太温和了些！”见他有些疑惑，我接着说：“你在听陈总（在李先生后讲话）讲话时有什么感觉？”他想了想，恍然大悟道：“我明白了，你是说我的语速像乌龟爬行？”说完我们都大笑起来。

对李先生这样的大公司老总，我知道很少有人指出他“语速太慢”的问题。也许在大家的印象中，高层领导讲话都是这么慢慢悠悠，这样至少能显得沉稳、从容；也许大家根本不敢向他提出意见。

而李先生长期习惯了这种慢悠悠的说话节奏，只要自己想讲，下面的人总会频频点头。这样的听众也助长了他的说话习惯，于是他越来越沉迷于“文火炖蘑菇”的慢节奏中，而从来不考虑开会的时间成本。

与语速过慢相对应的另一个极端是语速过快。前美联储主席伯南克就是

个典型代表，他在回答问题时的气息运用好像不够，因为语速过快，还来不及运气。当气息不够、不稳的时候，声音就会发颤，听起来显得不那么确定，而且会让人感觉他有些紧张。后来，伯南克意识到这个问题，于是在每次重大发言前，他都会接受演讲专家的指点。

语速过快的最大危害是，由于讲话频率太快，而且停顿短暂甚至没有停顿，听众根本没有时间去理解你讲话的内容。20 世纪 80 年代，美国的一些心理学家研究发现，语速过快会让发言看起来更可信，这是因为讲话者的神态、语气好像很自信，但这并不等同于说服力。原因很简单，说得太快，听众跟不上、理解不了，自然也就无法被说服。

快慢适中的语速是最佳的。在这方面，美国前总统克林顿算得上是一个高手，他对语速和讲话时间的把控有着强烈的意识。

有一次，克林顿在哈佛商学院的室内篮球场发表演讲，时间为 45 分钟，克林顿的语速缓急适度、张弛有度，让在场的听众深深陶醉。更令人惊叹的是，在演讲进行到 44 分 45 秒时，克林顿的演讲完美地结束了。

太慢的语速对听众具有催眠效果，太快的语速又会无形中带给听众紧张感。那么，怎样才能做到语速适中，达到克林顿那样的理想语速，以强烈的节奏感制造语言的感染力呢？

1. 把你的语速统计出来

既然我们讲到了语速太慢或太快的问题，那么，标准的语速是怎样的呢？即一分钟讲多少个字，才能达到标准的语速？答案是每分钟说 180～200 字。前面那位李先生，我是这样让他意识到自己语速有多慢的：

我让李先生的秘书把他的讲话记录拿来，算算总共讲了多长时间，再看看稿子上有多少字，再统计出每分钟的讲话字数。当秘书把最终的结果交给李先生时，李先生哈哈笑起来。原来，他每分钟只讲 60 个字，这种语速只有在追悼会上才用得着。

量化的结果是那么明了，让李先生吓了一大跳。接着，我再和他分享商界演讲高手——马云的演讲。看着马云站在舞台上，富于变化的语速节奏，强大的气场和自信，李先生忍不住感叹道："这样的演讲真帅气！"

所以，要想知道自己的语速处于什么水平，赶紧给自己找个"计时官"吧！

（1）你先作一个 3～5 分钟的讲话，再找个朋友或同事为你计时。到最后，统计一下每分钟讲话的字数，看看自己的语速处于什么水平。同时，请他们对你的语速进行评判，虚心听取他们的意见。

（2）用手机或相机录下你的讲话视频或音频，然后去听几遍，感受一下自己的语速。同时，统计一下平均每分钟的讲话字数，看看你所感知的语速与你所统计的语速是否有差距。

（3）如果你是公司领导，在召开会议时，可以专门派一个"计时员"，并给他一张"时间表"，上面有各位领导对应的计划发言时间，在领导讲话过程中，适时提醒对方："还有 2 分钟！""还有 1 分钟！"通过几次限时练习，训练大家的讲话语速，最终达到缩短会议时间、节省会议成本、精确表达会议内容的目的。

2. 视具体听众调整讲话语速

听众不同，我们讲话的语速也应该有所变化。当然，具体变化多少，也要视听众来定。

（1）对老人讲话时，语速要放慢些；跟年轻人讲话，语速要适当快一些。

（2）跟想打瞌睡的人讲话，或面对兴致不高的听众时，适当加快语速，并提高嗓音，以"吵醒"他们。但前提是，说话清晰，让对方能够听清楚你在说什么。

（3）当你感觉到听众对你的观点较为认可时，你可以适当放慢语速；当你觉察到听众对你的观点不太认同时，应该适当加快语速。一方面是为了体现出你对自己观点的确信无疑；另一方面是因为如果你语速较慢，听众就有时间想出反驳的理由，这不利于说服听众。

终止讲话磕磕绊绊，实现从容表达

讲话磕磕绊绊、没有节奏感的人，很少能打动我们，这样的人就算说出了有价值的话，也很难引起我们的注意。因为磕磕绊绊的讲话会分散我们的注意力，我们已经无心去听他们说了什么。因此，如果你想把所说的意思精确地传达给听众，那就一定要终止讲话磕磕绊绊，实现从容表达。

什么叫讲话磕磕绊绊？就是说话不流利，前言不搭后语，莫名其妙地停顿，讲了上句没有下句，语速时而很快，时而很慢。这就像新手开车一样，控制不好油门与刹车，导致车速时快时慢，让车上的乘客很不舒服，也会让行车很不安全。

虽然语言上的磕磕绊绊不会造成危险，但让人不舒服是毋庸置疑的。通常来说，导致语言磕磕绊绊的原因有这样几种情况：

（1）说话的人处于弱势地位，底气不足，不够自信，容易紧张。人在紧张的情况下，语言磕磕绊绊就在所难免了。

（2）人在陌生场合或公众场合发言时感到紧张，肾上腺素急剧上升，讲话速度越来越快，出现语言磕磕绊绊的概率就会很高。

（3）当人遭遇尴尬时，通常会想“赶紧说点什么”，于是就很容易不假思索地说出一些不该说的话。

（4）当人处于竞争状态中，在表达观点时，由于担心别人打断自己，就容易不做停顿地快速表达观点，一旦某处卡壳，就会出现磕磕绊绊的现象。

当你出现语言磕磕绊绊时，说出的第一句话通常是“那个，你知道，我觉得……”然后，你会频繁地使用“嗯”“啊”等填充词，而且你不确定接下来应该说什么、怎么说。这会让你非常狼狈，你的形象会因此受到影响。因此，只有终止讲话磕磕绊绊，才能实现从容表达。

1. 只讲熟悉的话题，或在讲陌生话题时提前做好准备

在讲陌生的、自己不了解的话题，且在没有做好准备的情况下发言，很少有人讲话不出现磕磕绊绊。不信的话，你可以做一个统计，随机地给自己一个不熟悉的主题，即兴发挥地去讲，让别人给你统计出现磕磕绊绊的次数，看看结果怎么样。

事实上，即兴发挥出现磕磕绊绊情况是很正常的，一次10分钟的讲话，最多的磕磕绊绊次数甚至会多达30处，有许多老教授都会有20多处。所以，你完全不必因为自己讲话出现磕磕绊绊而沮丧，因为这太正常了，你唯一能避免磕磕绊绊的办法是只讲熟悉的话题，或在讲陌生话题时提前做好准备。

当你所讲的主题是你熟悉的话题，或者虽然你所讲的主题是你不熟悉的，但由于你事先做了充分的准备，那么无论你处于弱势地位，还是在陌生、公众场合，或是处于竞争状态，你都容易做到自信、从容地表达。因为熟悉的主题能使人有更大的激情，这种激情会使你整个身心都投入到主题的讲述中，这样流利地表达就不成问题了。所以，记住三点：

（1）只讲自己熟悉的话题，如果面对自己不熟悉的话题，你可以选择拒绝发表看法。

（2）在讲自己不熟悉的话题前，收集相关资料，列好大纲，做好准备。

（3）讲自己熟悉的话题，如果有机会的话，也应该提前做好准备。准备越充分，你越能自信地讲好。

2. 如果实在要对不熟悉的话题发表看法，一定要放慢语速

针对陌生的话题发表看法，就像开车行驶在山路上，周围弥漫着大雾。你不知道前方潜伏着怎样的危险，更糟糕的是，你甚至不知道前面的路在哪里转弯。这就是为什么我提醒大家：不要轻易进行即兴演讲，尤其是在比较

重要的场合。

英国石油公司前首席执行官唐熙华就因为即兴发言出了差错。

2010年，墨西哥湾发生了严重的漏油事故，他想在记者面前表达对该危机事件的深切关心。原本他事先有发言稿的，他也是按照发言稿来进行的。但是到了发言快要结束时，他想给自己的发言加点料，即兴发挥一下，给自己的发言来一个圆满的结尾。结果，他说了一句让他悔青了肠子的话："我比任何人都盼望早点结束这场灾难。真希望能回到以前的生活。"

这句话乍听起来没有什么问题，但为什么在媒体的报道下，能产生成倍放大的"蝴蝶效应"呢？我想原因大概是：这句话流露出了他在处理这次危机时的无奈之情，而且他的心思好像不在处理事故上，这会让人们觉得他不是真心来处理事故的。不久后，唐熙华就离开了英国石油公司。

那么，是不是遇到陌生的话题时，就要闭口不谈呢？其实也不一定，这要看具体情况。如果实在没有办法推掉发言，那你务必要注意：

（1）快速思考，理清讲话的思路。

在讲你不熟悉的话题时，你要快速地思考，理清讲话的思路，想清楚自己讲什么，怎么讲，讲到什么程度。再者，最好不要在中间发言，要么赶在前面，要么最后再讲，这样才能使人印象深刻。

（2）放慢你的语速，甚至停顿一两秒。

越是不确定接下来该讲什么，你就越应该放慢语速，甚至干脆停下来。这就像开车时保持车距一样，目的是防止前方车辆突然停下来，你有足够多的应激反应时间，以防追尾。奥巴马就经常这么干。在需要讲话的场合，当意识到自己的下一句话可能会造成巨大的影响时，他就会停顿一两秒，直到确定自己要说的话没有任何问题。他很少会因为语速失控而出现失误。

（3）妙用提问，有效地缓解讲话磕磕绊绊。

在不知自己讲什么的时候，你可以假装镇定地提问。提问不但可以增进听众与你之间的互动，还能促使听众产生积极地思考，为你后续的讲话提供思路。再者，在没有人能回答你的提问时，你对问题的精确见解会再次征服听众。

恰当的停顿比任何语言都有效

很多人说话习惯一口气说到底，中间少有停顿。之所以这样表达，可能是害怕客户拒绝，害怕同事打断，害怕领导插话，不给他们完整表达意思的机会。可是这样急躁的表达，很容易因语速过快、思维跟不上嘴巴而出错，也容易造成听众理解不畅。结果，听众走神的可能性变大，沟通内容的可信度降低。

事实上，我们可以把大脑和嘴巴想象成一辆行驶的汽车。大脑在前面，嘴巴紧随其后，按照大脑的指示，朝着正确的方向行驶。大脑的工作是确定该说哪些话，该用哪些词。嘴巴这辆车行驶的速度越慢，大脑就有越多的时间去思考下面该讲什么，嘴巴也有充足的时间去执行大脑的指示。

反之，说话的速度太快，大脑的转动速度跟不上，就容易酿成“沟通事故”，这就叫语言追尾。结果，就很容易出现说话卡壳、结巴、出错，情急之下，你会乱用填充词，比如，“嗯”“啊”“哦，不对”，这样听众怎么能精确地理解你的意思呢？一旦发生了语言追尾，你将付出惨重的代价。

有个客户给我讲了一段她的沟通经历。她在一家传统文化产品公司上班，举止文明、谈吐优雅、待人礼貌，符合公司对员工的职业要求。原本有希望晋升为公司的公关部总监，但在一次鸡尾酒会上，她说错了话，令自己的形象大跌。

具体情况是这样的：在那次鸡尾酒会上，她主动走到公司CEO身边，想和她聊一会儿。当 CEO 与她聊到一个她不太擅长的话题时，她变得有些紧张，语速开始加快，最后失去了控制，脱口而出一句粗话。这个严重的错误让她从一个“形象气质颇佳的人”瞬间变成了一个“缺乏自我约束的人”。

汽车追尾了还能送到维修点维修，但语言追尾酿成的“事故”有时候是无法挽回的，因为“说出去的话就是泼出去的水”，会立刻损坏你的声誉和职业形象。

说了这么多，我只想表达一个观点：停顿在表达中的重要性。美国作家马克·吐温曾经说过：“恰当的停顿比任何语言都有效。”停顿不仅有利于防止急躁表达而出错，还能有效地吸引听众的注意力，大大提高表达的精确性和趣味性。这一点在英国前首相丘吉尔的身上就有很好的例证。

在一次演讲中，丘吉尔说：“我们现在的生活水平比历史上任何时期都高，我们现在吃得很多。”讲到这里，他故意停了下来，看着听众好一会儿，然后，盯着自己的大肚皮说：“这就是最有力的实证。”

在这段对话中，丘吉尔妙用了停顿，很好地吸引了听众的注意力，然后又用“盯着自己的大肚皮”这个体态语言进行论证，产生了妙趣横生、令人捧腹的表达效果。

那么，接下来我们应该关心的是：如何妙用停顿，给自己的表达增添色彩？

1. 通过停顿精确表情达意的 6 种作用

说话过程中的停顿是为表达语句的意义、层次、思想和情感服务的，并不完全受标点符号的制约。在没有标点符号的地方，你也可以根据想表达的效果去选择停顿。一般来说，停顿起着 6 种表情达意的作用。

第一，保证语意清晰明确，不使听众产生误会；

第二，强调重点，加深印象；

第三，并列分合，使内容完整；

第四，造成转折呼应；

第五，体现思考判断，给听众的领悟提供依据和时间；

第六，造成意境，令人回味和想象。

2. 想达到相应作用时的停顿方法

了解了停顿的6种作用后，我们应该进一步了解为了达到相应作用时的停顿方法。

要想保证语意清晰明确，不使听众产生误会——整体放慢语速、一句一停顿，每次停顿一两秒，让人有充分的时间去理解你的意思，以避免误会；

要想达到强调重点，加深印象的效果——在你需要强调某些字、某句话前停顿，给听众一个准备听到一句重点话的时间，然后加重语气说出这句重点的话；

要想达到并列分合，使内容完整的效果——在并列的话语上，保持大致相当的停顿时间，切勿有些并列性的话语停顿时间长，有些并列性的话语停顿时间短，那样人家会误以为你在强调某些重点；

要想达到转折呼应的效果——适当拉长语音，改变语气，略作停顿，就能达到转折呼应的效果；

要想达到体现思考判断，给听众的领悟提供时间和依据的效果——那就整体放慢语速，每句话之间停顿的时间稍长一点，给听众充分的时间去理解你的话；

要想达到有意境，令人回味想象的效果——正常表达的时候，突然戛然而止，然后长时间停顿，或干脆结束讲话，就能达到让人去回味想象的效果。

在讲话中，我们可以根据自己的需要，灵活地结合语境来运用停顿。

少说使表达含义偏离的字眼

在交际中，很多人在切入正题后，总喜欢使用一些烦冗的、没有多少实际意义的字眼，例如，“那个”“你知道不”“是不是”“对不对”“嗯”“啊”等等。频繁地使用这些词语，不但会损害你的说话形象，还会影响正常的表情达意。想让你的表达更精确，想让听众更好地理解你的意思吗？那就赶紧改掉这些不恰当的言辞吧！

1．少说“首先”，而要说“已经”

当你向上司汇报一项工作的进展情况时，如果你告诉上司“首先让我简单介绍一下这项工作的进展情况吧！”这样的话就不是那么有必要。既然是汇报工作，就直接进入正题，赶紧告诉上司工作的进展情况，目前存在哪些问题。为何不对上司说“这项工作目前已经进展到……”呢？

2．少说“但是”，而要说“如果”

在表达强烈的转折意思时，人们会习惯性地使用“但是”一词。很多人可能不太清楚，这个词是多么令人反感。试想一下，你很赞同客户的想法，只是某些地方有一点不一样的看法，你却对客户说：“你的想法很好，但是……”客户的注意力就会被你“但是”后面的内容吸引，这样一说，你对客户想法的认可度就大打折扣了。

事实上，你完全可以换一种比较令人欢迎的说法，以表达你对客户的认同，以及对客户观点的补充和建议。比如，你可以说：“你的想法很好，如果在××地方稍微改动一下，也许会更好！”这样，客户就会强烈地感受到你对

他的认同，并且乐于接受你的意见。

3. 不要说“错”，而要说“不当”

上司让你和同事作为搭档共同完成某项工作，期间同事不小心犯了一个低级错误，导致工作进展受阻，以致无法按时完工。于是，你对他说：“都是你的错才导致工作无法按时完成的，你必须承担责任。”这样的指责，很容易引起对方的逆反情绪。

如果你不想与同事发生争端，不妨把你对他否定的态度表达得委婉一些，实事求是地说明你的理由。比如，你可以说：“这项工作的确有你做得不当的地方，你最好为此承担责任，向上司说明情况，让上司宽限我们一些时间。”这样听起来就没有那么令人反感了。

4. 少说“几点左右”，而要说“几点整”

当你与客户、生意伙伴交谈，尤其是在约定见面时间时，切记少说“几点左右”，而要说“几点整”。你对他说：“我们明天下午三点左右在××地见面。”会给人一种时间观念模糊的印象，还会让人觉得你工作态度不可靠。

如果你对客户说：“明天下午3点在××地见面。”或者说：“我们明天下午3点15分在××地见面。”给人的感觉就完全不同，客户会觉得你时间观念强，做事靠谱，值得信赖。所以，在说出时间时，最好精确到分钟，而少说“几点左右”。

5. 少说“务必”，而要说“请你”

无论是给下属交代工作，还是对客户提出要求，你最好少说“务必”。毫无疑问，“务必”一词能给人一种确定无疑的命令口吻的感觉，但也会给人压力，甚至会让人感到你说话的态度有些强硬。如果你用“请你”来代替“务必”，给人的感觉就大不一样了。“请你”是一种客气，一种礼貌，一种请求，把别人放在很高的位置，表达出的是对他人的尊重。试问，谁会拒绝一个友好而礼貌的请求呢？

6. 少说“你听明白了吗”，而要说“我讲清楚了没有”

在与人沟通中，我们经常会因担心别人没有听懂我们的意思而问道：“不知道你听明白了吗?”这句话的言外之意是:我已经讲得很明白了,如果你没有听明白,那说明你的理解能力有问题。而且这句话还会给人一种居高临下的态度,让听众不是那么舒服。如果用“我讲清楚了没有”来代替,效果会怎样呢?

“不知道我讲清楚了没有?”这句话的言外之意是:如果你没有听明白,那不是你的错,是我没有讲清楚,我再讲一遍。这就充分表达了对听众的尊重,而且言语之间透露的态度是十分谦虚的,绝不会让听众感到自己的理解能力受到了侮辱。

7. 少说“老实说”“仅仅”“本来”等词

在开会的时候,大家会对各种意见进行讨论。轮到你发言的时候,你对一名同事说:“老实说,我觉得你的观点挺有道理的……”在别人看来,你好像在特别强调你的诚意,事实上呢?你在说“老实说”后,随即提出了一种不同的观点。既然如此,为何不直接说出你的意见: “我觉得,我们应该……”

在与客户或同事商讨某个问题时,你提出了一条建议:“这仅仅是我的一个建议。”请注意,这样说是绝对不可以的,因为会让人觉得你对自己的建议没有什么信心。如果你真的对自己的建议没有信心,那就不要说出口。如果有信心,那就自信而干脆地说:“这是我的建议。”

有些人喜欢在表达观点时说:“我本来是持什么什么态度,但……”一个看似不起眼的词,不但没有突出你的立场,反而让你没有了立场。类似的词语还有“严格来讲”“确切地说”等等。如果你有不同的观点,为何不直接说“我对此有不同的看法”呢?

遇到棘手的情况，请保持镇定

谁都不希望把谈话变成一场气氛尴尬、剑拔弩张的辩论赛，但万一遇到这种情况，我们该怎么应对呢？我认为，最重要的是保持镇定，并表现出应有的诚意和尊重他人的态度。

两年前的一次聚会上，大家聊起了当时很火的两档节目《中国好声音》和《我是歌手》。聊着聊着，大家就开始比较《中国好声音》和《我是歌手》，哪档节目更好。一些人认为《中国好声音》这档节目好，理由是导师与歌手以及观众的互动比较多，比较接地气，有趣味；有些人认为《我是歌手》这档节目好，因为这档节目的专业性强，歌手都是专业的音乐界人士。

就在双方僵持不下，都想证明对方是错的时候。我在一旁默不作声，因为我觉得这是仁者见仁、智者见智的事情，没有标准答案。双方之所以争论不休，是因为大家都想带着骄傲和尊严退场。这时有位朋友转过头来问我支持哪一方，随即大家把目光齐刷刷地集中到我身上。

显然，这是一个棘手的情况，我说支持哪方都不太合适。但事实上，我也没有明确的支持哪一方的态度，我认为这两档节目各有所长。因此，我对他们说："这两档节目都是人气极高的节目，从表演和娱乐的角度来看，《中国好声音》略胜一筹；从音乐的角度来看，《我是歌手》占有优势。"

我原以为大家对我这个观点不满意，所以，我内心做好了接受"批判"的准备。但大家的反应令我意外，由于我的态度中立，对双方各自支持的节目都有肯定，大家都认可了。

如今回过头来看待那件事，我意识到：当我们在交谈中遇到棘手的情况时，可以参考以下几点去化解：

1. 冷静地思考，巧妙地回答

在沟通场合，你可能会遇到猝不及防的情况，如果应对不当，往往会令你难堪。唯有冷静地思考，巧妙地回答，才能化解尴尬。

美国前总统奥巴马在视察受到飓风影响的新奥尔良市时，一位9岁的小男孩对奥巴马说："我很想知道，为什么人们会讨厌你呢？他们应该爱你才是啊，上帝是仁慈的。"

奥巴马对这个问题颇感意外，他思考了一会儿，很认真地回答说："这个问题也正是我想阐明的。我是位民选总统，因此并不是所有人都讨厌我，我赢得了大多数选票。"他停顿了一会儿，接着说："如果你晚上喜欢看电视的话，你就会发现似乎每个人都不怎么讲道理。因此，你不能完全相信别人所说的话。你要知道，这就是所谓的政治。"就这样，奥巴马摆脱了尴尬，扭转了被动局面。

在这里，奥巴马应对棘手情况的做法值得我们借鉴：

（1）冷静地思考。

在遇到突发问题、棘手情况时，奥巴马没有急于作答，而是思考了一会儿。这一点很重要，在不知如何作答时，切勿胡乱开口，以免说错了话，让自己更被动。

（2）适当地停顿。

奥巴马在说完一句后，停顿了一会儿，接着又说了一句。这个停顿恰到好处，既让自己有时间缓解紧张，继续深入思考怎样作答，又给听众理解的时间。这也是我一直强调的，在面对不熟悉的话题时，学会运用停顿来放慢

语速，增加思考的时间。

2. 用自嘲的方式摆脱窘境

在沟通中，当别人有意或无意冒犯了你，让你陷入尴尬境地时，你不妨借用自嘲摆脱窘境，即用挖苦、讽刺自己的方式调节气氛、逗乐听众，从而达到化解尴尬、摆脱窘境的目的。

一家超市的采购经理去蔬菜批发市场调运蔬菜，卖方想趁机捞一把，就报出了很高的进购价，采购经理不同意，双方僵持不下。眼看超市的蔬菜就要脱销了，采购经理心急如焚，但他强作镇定，并摆出一副无可奈何的样子自嘲道："其实我就是一个打工的，你别把我看太高，我手里能有多大的权力呢？再说了，天气这么热，我花大价钱做一笔赔本的买卖，这个责任我也担不起啊！"采购经理的这番自嘲不但使卖主大为泄气，而且还对他的苦衷产生了同情。最后，他终于妥协，降低了价格。

一般来说，在以下几种窘境中可以运用自嘲来化解：

（1）别人有事求你，你想拒绝，但又不想直接拒绝，就可以运用自嘲，委婉地表达拒绝之意："我混得灰头土脸，已经是自身难保了，哪有能力帮你啊！"

（2）面对别人的刁难，就像那位采购经理那样。

（3）因某些事情不尽如人意而烦恼和苦恼时，说出来怕人笑话，可是别人又总是问你。这时运用自嘲，既可宽慰自己，又能避免被人笑话，一举两得。

3. 和而不同，让双方有尊严地退场

在交谈中，面对僵持不下的两种不同观点时，你可以依据"和而不同"的原则，让双方有尊严地停止争论。比如，你可以对对方说："我不同意你，但我支持你。"就像创新工场董事长兼首席执行官李开复说的那样，面对不同的观点，你可以说出不同的想法，但你依然可以支持对方。这就叫和而不同，不走极端。当你和别人发生意见分歧时，如果你能率先表达出“我不同意你，但我支持你”的态度，对缓和气氛、平息争执是很有帮助的。

4．找出双方有共鸣的地方

共鸣，就是双方都认同的东西。如果你能在遇到棘手的问题，在与人发生争执的时候，找出一些双方都认同的东西，让彼此间有所共鸣，那对缓和气氛无疑是有利的，这就叫求同存异。对方的观点中有三点你不赞同，但有一点你是赞同的，你就可以说：“这一点我完全赞同！我们先放下分歧，怎么样?”以此表现出和解的姿态。

5．发现他人的优点，并表达出认可

指出别人的问题，同时承认他的优点，可以让沟通保持平衡，避免造成尴尬和不快。我建议大家采用“三明治式批评法”，即说出批评前，先表扬对方的优点，在说出批评后，再次强调对方的优点。这有利于对方愉快地接受你的批评。

情绪不稳定时不要急于发言

有一年春节期间，我去给一位长辈拜年。聊天中，长辈长叹了一口气，说："我的孩子要是有你这么懂事就好了！"我赶忙问怎么了，这位长辈对我说："我那孩子在上海工作，前几天我给他打电话，叫他回家过年，你说他一个人在外地过年有什么意思呢？没有想到他突然对我发脾气，说：'你懂什么啊？我要是能回家能不回去吗？你以为我不想回去啊？'他的话太让我生气了！"

我安慰长辈道："也许你孩子有难处，没有办法回家，或者当时他的心情不好，才说了那番气话，你就别跟他计较了！"

"有难处可以说啊，为什么要对我发脾气？"长辈很不理解地说。

"是的，这确实不应该发脾气，有话应该好好说的。"我很同意长辈的看法。

告别长辈后，我不由得想起我曾经也犯过因情绪冲动而说话伤人的错误。

一次和朋友逛超市，我买完东西，付完账后，就对他说："我先去车里等你！"结果，他迟迟不出来，我越等越没有耐心，越等越生气，越等越情绪激动。当他来到我面前时，我已经忍不住了，就向他发脾气："你再不出来我就走了，怎么这么磨蹭啊！"

朋友没有说什么，默默地把东西放进车的后备厢，然后坐到车里来。车启动后，我本想说些缓和气氛的话，但由于我当时仍处于情绪激动的状态，结果我又把话题转到他做事磨蹭上，并由最初的唠叨演变成后面的批评、指责。等我意识到语气不对时，气话已经说了很多。我只好冷静了一会儿，然后向他道歉。

还好我们是好朋友，他表示理解我，但同时也告诉我："以后啊，别在情绪激动的时候说话了，这样真的不好，因为你很容易说出伤人的话。等你意识到自己情绪过激了，言语过激时，再想道歉就晚了。"

我谨记朋友的忠告，从那以后，我有意识地避免在情绪激动时说话，不再犯类似的错误了。因为冲动时说出过激的话，就像拿一颗钉子扎人心，扎进去很容易，拔出来却很难。而且即使拔出来了，还会留下疤痕。

回想起我们在生气时出现的情绪、念头，再看看我们周围的人在生气时说了什么、做了什么，我们会发现一个共同点：人在生气、情绪激动的时候，只有五六岁孩子那样的智商。思虑之不成熟，情绪之一发不可收拾，言语之毫无节制，面貌之失态，就像一个五六岁的孩子一样不成熟。当一个人生气时，他的情商、智商、形象都会大大退化，说出伤人伤己的话、做出伤人伤己的事情也就不奇怪了。

心理学研究证明，人在情绪不稳定时，说出来的话通常不是自己的本意，道理讲不清，话也说不明白，更无法做出明智的决策。所以，不要相信"急中生智"，而要相信"深思熟虑"，人只有在头脑冷静的时候才能做出理智的事情。

有一位以稳健行事而著称的企业家，即使每天身处于瞬息万变、竞争激烈的商战中，他也能做到不犯致命性的错误，不说情绪化的言语。所以，他所经营的公司逐渐成长。几十年后，他退休时，企业已经跻身世界500强。

在荣退茶会上，记者问他这几十年来成功经营的秘诀是什么，他笑着说："其实我没有什么秘诀，我之所以一帆风顺，大概是因为我懂得并做到了在愤

怒的时候少说话、少做决定，所以，我不容易说出冲动的话，不容易做出冲动的事情。”短短的一句话，却给在场的人上了重要的一课。

为什么要在情绪冲动、生气愤怒的时候少说话呢？因为人在情绪不稳定时，表达的精确度会大大降低。这就是为什么有人经常在说了冲动的话后，向别人道歉说：“我不是那个意思……”所以，为了提高我们的表达精确度，为了不说偏离我们本意的话，我们要控制好自己的情绪，控制好自己的嘴巴，努力做到在情绪不稳定时少说话、不说话。为此，我们可以参考以下几点去压制情绪冲动时的说话欲望：

1. 让自己静默3分钟

当我们遇到气愤的事情，当我们的情绪快要爆炸时，我们要做的不是纵容自己的天性，大声地说话、愤怒地表达，而是要让自己赶快冷静下来。怎样冷静下来呢？最简单的办法就是让自己静一静，不需要很长时间，沉默3分钟足矣。3分钟后，再来思考问题解决的对策。

2. 连续来几次深呼吸

在情绪激动的时候深呼吸，这听起来很老套，但这是有医学根据的。通过深呼吸，将氧气输送到你的肺部以及血管，让你的身体放松下来。当你的身体放松下来后，身体就会向你大脑传达指令——没有必要愤怒和紧绷神经，于是，你的大脑也会逐渐冷静下来。

3. 转身走出去透透气

情绪激动的时候，如果正在办公室里，那你可以站起身来，走出办公室，走到走廊甚至走出办公楼，去外面透透气，看看建筑物、树木花草、路边行人，让自己的注意力从原来令你愤怒的事情上转移。等你冷静下来后，再回办公室处理棘手的问题。

4. 在白纸上涂鸦以发泄

当我们生气的时候，可以拿出一张白纸，在上面随便写、随便画，把自己愤怒的想法、决定全部写出来，想到什么写什么。第二天，再把你写的东西拿出来看一看，如果这时你的想法和决定还没有改变，那么就去做吧。如果你觉得昨天写的只是气话，那就把纸扔进垃圾篓，重新思考问题。

5. 向被你伤害的人道歉

如果你因情绪激动说了伤人的话，那么请尽快真诚地道歉，用你的诚恳态度去弥补，把对他人的伤害降到最低。这没有什么不好意思，因为你伤害了别人，及时道歉会帮你树立敢于认错的形象。

第 7 章

巧用逻辑：让你的表达充满魔力

同样的话，经过不同的逻辑排序从嘴里说出来，给人的视听感觉会大不一样。用有逻辑性的话语去实现精确表达，才能让你的表达主旨突出、层次分明、意思到位，而且让你说着不累，让听众听着不烦。这就是运用逻辑来表达所产生的魔力。

逻辑到位，说话不累

生活中，有些人能说会道，但由于说话没有逻辑，不仅经常闹出笑话，还严重影响沟通质量。原因很简单，没有逻辑的表达，会让人感到牛头不对马嘴，听众难以理解，更无法认同。

有一次，我去商场买衣服，看中了一款深蓝色的风衣。销售员发现我对那款风衣感兴趣，就走过来对我说："先生，这件风衣是上个星期上市的，是当下最流行的款式，您可以试穿一下，效果肯定很好！"

我对销售员说："这件风衣款式确实不错，只是我担心，深蓝色的面料水洗容易褪色，一旦褪色，就会失去光彩！"

销售员马上回答："瞧您说的，怎么会褪色呢？这件风衣在玻璃展橱中挂了半年，现在看起来跟新的一样！"

听了这话，我扭头就走了。店员似乎不明白自己说错了什么，还在我身后一个劲儿地挽留："先生，您别走啊，如果你想要，我给您打8折！"

销售员在这里犯了说话"自相矛盾"的错误，是一种典型的说话没有逻辑的表现。前面信誓旦旦地说，那款风衣上个星期刚上市，后面却说在玻璃展橱中挂了半年。另外，我问店员衣服水洗是否会褪色，她却告诉我：风衣在展厨中挂了半年还是光鲜如新，这是在答非所问，或者说她是虚假论证。因为水洗褪色与否，并不能通过陈放在展柜不褪色来证明。可悲的是，销售

员不自知，不知道问题出在哪里。

逻辑是一个很有趣的东西，也是一门很微妙的学问。它是有心之人、爱思考之人洞悉他人观点的工具，也是沟通高手表达观点的帮手。学会用逻辑思维去对待沟通，不仅有助于你看到别人观点中的问题，减少你被欺骗的可能，还能让你说出的每句话严谨、到位、精确，增强你说话的说服力和影响力，赢得他人的认同。

1. 表达出来的语言论据充分，思路清晰，层次分明

楚汉争霸，以刘邦的胜利而告终。在平定天下后，刘邦开始论功行赏。他认为萧何的功劳最大，就封萧何为侯，给萧何很多封地。这引起了群臣的不满，大家私下里议论纷纷。他们认为，若论功行赏曹参无出其右，他曾多次率兵攻城略地，屡战屡胜，功劳最大，而且全身受伤70余处，忠臣之心日月可鉴。

面对这种状况，刘邦有些不知所措。这时关内侯揣测出刘邦的意图，于是上前对群臣说："曹参功劳虽大，但只是一时之功。皇上与楚王对抗5年，经常丢掉部队，四处逃避，萧何总是从关中派人弥补战线上的漏洞；楚汉在荥阳对抗多年，军中缺粮，也是萧何从关中辗转运来粮食；再说了，皇上有几次避走山东，也是萧何保全关中，使皇上顺利得到接济，这些才是万世之功。你们凭什么认为一时之功高过万世之功呢？所以，我主张萧何第一，曹参居次。"

关内侯的话层层深入、环环相扣、有理有据，群臣听了无法反驳。刘邦听了，更是连连称好，于是下令萧何排在功劳榜的首位，可佩剑上殿，上朝时不必急行。

关内侯的话为何赢得了大家的认同呢？因为他说的话逻辑严密、论据充分，让人找不出任何反驳的理由。这个例子告诉我们，要想实现精确表达、说服他人，重点是你的话要有逻辑、有道理，这二者缺一不可。只有逻辑，没有道理，那么你的话会苍白无力；只有道理，没有逻辑，你的话难以让人信服。为此，要做到：

（1）一开始就说明你的态度，即你有什么样的观点，支持什么，反对什么，要简明扼要地说清楚；

（2）有层次、有条理地摆出论据，你持什么样的观点，相应的要有能够支持你那个观点的论据，或举例子，或摆事实，或对比论证，一定要让你的观点站得住脚，切不可让你的观点显得空洞无物。

2. 了解听众的想法，并站在听众的角度去表达

情人节的那天傍晚，纽约市区的某步行街上，很多青年男女都在闲逛。其中，不少男青年等着和情侣约会。街上有两个擦鞋童，他们都在大声吆喝以招揽顾客。

一个鞋童吆喝道："想擦皮鞋的快过来，我保证把你的皮鞋擦得又光又亮！"

另一个鞋童吆喝道："准备约会了吗？约会前，记得擦亮你的皮鞋！"

两种不同的吆喝会产生什么样的差别呢？前者的摊前顾客屈指可数，后者的摊前顾客排队等候，青年男女纷纷等着让他擦鞋。之所以有这样的差别，关键在于第二位鞋童懂得精确表达，善于有逻辑性地说话，直指顾客心里，让青年男女意识到把鞋擦得又光又亮有什么意义。试问，在情人节的傍晚，在当时的气氛下，谁不愿意以一个干净、大方的形象出现在心爱之人面前呢？

要想说服他人，就必须先了解对方的心理，表达要契合对方的需求。

（1）了解对方的性格、职业、当时的情绪等等。

（2）再针对这些去说相对应的话，以触动对方的心，赢得对方的认同。

反之，不了解对方，无针对性地谈话，表达的内容对他人来说无关紧要、不痛不痒，对方就很难动心。

有逻辑性的精确表达的四要素

有些人在求人办事时，三两句话就能简单地说服别人，而有些人费尽口舌，说了很多恳求的话，也不能让别人答应帮忙。两者的差别之大，很大程度上在于他们是否掌握了有逻辑性的精确表达的精髓，即是否善于有逻辑性地表达观点，用有逻辑性的话说服他人。

一位从事企业管理培训的朋友，有一次吃饭时，他跟我讲了一个故事。他说："前些日子，我答应给一家企业做培训，其中一天家里出了点事，必须处理。于是，我只好找个人顶替我去授课一天，免得给个人和公司造成负面影响。"

"找到合适的人代你授课了吗?"我问。

"我找公司的老王帮忙，老王含糊其词地拒绝我。我看得出来，他是故意不想帮忙。"朋友说。

"哦，老王啊，我知道他，他是不是嫉妒你在公司的影响力啊?"我笑着问。朋友在授课技巧、学识、能力等方面都是出类拔萃的，在公司被人嫉妒也很正常。

"可能是吧，但我还是有办法让他帮忙的!"朋友自信地说。

"你用什么办法让他帮忙?"我故作好奇地问。

"我对他说，老王啊，那家企业可是世界500强企业中排名前50的企业，如果你去那里授课，并且得到那家公司高层的认可，那一下子就打出了名气，将来在圈子里可就成名人了！这番话说得老王眉开眼笑，当即答应帮忙代课。”

“就这么简单就说服他了？没有给他好处费？”我笑着问。

“就我这口才，还用给好处费吗？当然，我后来请他吃饭了的。”朋友笑了。

在求人办事的时候，不要告诉别人“你能帮我什么忙”“你能为我解决什么问题”，而要告诉别人“帮我这个忙对你也有好处”。只要对人家真的有好处，互惠互利的事情谁不愿意做呢？这就是求人办事时说话的逻辑，也是说服他人的最佳论点。

事实上，用逻辑思维来实现精确表达绕不开四个核心要素——论点、论据、论证和修饰。下面我们详细说一下如何将这四个要素运用到精确表达中，以提高你的表达力和说服力。

1. 论点——开门见山，鲜明具体

在表达观点的时候，论点一定要鲜明具体。例如，公司召开会议，有人支持通过裁员来缩减开支，你对此持什么态度？是支持，还是反对？应该有一个明确的态度，切勿模棱两可，含糊其词。

同样，在你求人办事的时候，你也应有一个明确的态度——希望对方帮你什么忙，要把事情说清楚，让对方明白你希望他做什么，希望他怎样做，继而考虑是否能够帮忙。

（1）观点就像是引子，最好在一开始就抛出来。

（2）在特殊情况下，需要委婉地表达观点时，可以将论点放在后面说出来，甚至可以不说，直接说明你的论据，即可让听众领会你的论点。

2. 论据——针对性强，有说服力

想要说服别人，赢得别人认同，你的论据就必须针对性强、有说服力。通常来说，证明论点的论据分为事实与道理，道理枯燥无味，令人厌烦，而事实则胜于雄辩。因此，若能摆出事实，拿出实例，你的论点自然站得住脚。

几年前，我曾劝说一位亲戚戒烟。我没有像其他人那样，对他说："吸烟有害健康，为了自己和家人，赶紧戒烟吧！"这样的话大家讲得太多，那位亲戚估计早已听厌了。而是给这位亲戚说了一个例子："我有一位同学，上高中时就开始抽烟，到了40岁时，被查出肺癌晚期。现在家人对他放弃治疗了，因为没有救了，他只能在家等死了。"有了铁的事实做论据，那位亲戚听了很受震撼，当即表示要戒烟，而且后来真的做到了。

运用实例做论据，其实就是讲故事，不仅要讲故事，还要尽可能讲发生在身边的故事。这样的故事更有感染力，而且有据可查，更真实可信。在精确表达时，如果故事讲得好，那么将会说服力十足。

3. 论证——条理清晰，深入浅出

论证就是将论点用论据阐述出来，阐述的过程涉及具体的表达技巧。比如，要条理清晰，即先讲什么，后讲什么；论据与论据之间是什么关系，是并列的关系，还是递进深入的关系；论据与论据之间用什么话来过渡。这些都是我们应该注意的。

再比如，论证的时候要追求深入浅出，即用最通俗易懂的话，表达你的观点，说出你的论据。让听众听得轻松，听得明白，你的表达才是最受欢迎的。深入浅出的技巧有很多，前面讲的在对方的大脑中画一张视觉图、多用比喻等，都有助于让表达变得深入浅出、通俗易懂。

4. 修饰——重视肢体语言的运用

这里的修饰，并非文学上的修辞，而是指在表达观点的过程中，充分调动肢体语言、表情符号等来表情达意。例如，通过调节讲话的语气，传递不同的信息；通过手势语、表情语，表达你的个人情绪、情感；通过语速的快慢、节奏的变化等，表达观点的主次轻重。

说出重点的一句话或重要的一些话

在《三国演义》中，曹操活捉吕布。吕布武艺高强，曹操本想让他留下来为自己效力，但又害怕驾驭不了他。犹豫不决之际，曹操问一旁的刘备有什么意见，刘备说了句："曹公忘了丁原和董卓吗？"就这么一句话，使曹操立刻想起吕布杀丁原和董卓的事，当即决定杀掉吕布。

说到点子上的一句话，胜于千言万语不着边际的话，具有四两拨千斤的效果。在交谈中，重点的一句话意味着直指问题本质，意味着表达精确，这样的话是最有说服力、感染力的。能够说出这样的话的人，不能缺少逻辑思维的指导。

美国通用电气公司前CEO杰克·韦尔奇，小时候有严重的口吃，这让他深感自卑，并且害怕表达，害怕与人交往，变得沉默寡言。为了让韦尔奇摆脱口吃的毛病，母亲拍着韦尔奇的头，轻描淡写地说："孩子，因为你太聪明了，你的嘴巴无法跟上你聪明的脑瓜子，所以才会出现口吃的。"

多么精辟的一句话，既解释了韦尔奇口吃的原因，又肯定了韦尔奇的聪明头脑。此后，韦尔奇虽然还口吃，依然遭人嘲笑，但他已经不再为此感到自卑了，因为他坚信母亲的话，坚信自己有聪明的头脑。

在交谈中，重点的一句话是充满分量的，有分量的话不在多，而在于精，在于准。在与人交谈中，尤其是在涉及说服他人的谈话中，与其长篇大论、滔滔不绝地重复，不如针对问题的本质说出重点的一句话。

有时候，只说重点的一句话或许还不够，或者有些事情你很难找出重点的一句话来概括。这个时候你应该适当增加一些重要的话，以精确地说明问题，或维系谈话，或融洽关系，最终达到说服他人的目的。

一位军火商前往印度推销军火，事先他与印度军方一位将军通话："我准备到加尔各答去，顺便到新德里去拜访阁下，只要能见上一面就满足了。"对于生意上的事情，军火商只字不提，那位将军勉强答应了他的请求。

到了新德里后，军火商来到将军办公室，将军一开口就提醒道："我很忙，请勿多占用时间。"军火商先是笑着表示不会耽误太多时间，然后对将军说了句很有分量的话："将军阁下，您好，我衷心地向你表达感谢，因为您，我才有幸在过生日的这一天，再次回到我的出生地。"

这句话成功地勾起了将军的兴趣，将军一改严肃的表情，微笑地问军火商："先生，您出生在印度吗?"

"是的!"军火商说，"35 年前的今天，我出生在贵国名城加尔各答，当时我的父亲是法国密歇尔公司驻印度的代表。他从小就告诉我，印度是一个好客的国家，我们一家人在印度得到了很好的照顾。"这又是一句暖人心的话，很好地拉近了与将军的心理距离，赢得了将军的好感。

慢慢地，将军放下了防备心理，饶有兴趣地听军火商讲述自己的童年回忆。"我 3 岁的时候，邻居的印度大妈送给我一个可爱的玩具，我经常和小朋友一起坐在大象背上……"一个个感人的童年故事让将军的心触动了。将军邀请他共进午餐，并为他过生日。

在餐桌上，军火商打开公文包，取出了一张泛黄的合影照片，恭敬地递给将军："将军阁下，您看这个人是谁?"这又是重要的一句话，照片上是军火商 4 岁时与印度圣雄甘地的合影，这让将军惊讶得几乎叫了出来。

"那是我 4 岁的时候，和父母在回国的途中，正好与圣雄甘地同乘一条船。这张照片就是在船上拍的，我至今珍藏着。这次来到新德里，我计划去拜访圣雄甘地的陵墓。”相比于之前的几句话，这句话更加重要。因为甘地是印度的民族英雄，一个外国人对甘地如此崇敬，自然会让将军引以为荣，并对其产生极好的印象。

“我非常感谢您对圣雄甘地和印度人民的友好感情。”将军伸出手来，与军火商握手。

当军火商与将军告别，准备回住处时，一宗军火生意已经敲定了。

聪明的军火商不断地抛出重要的话，一步步拉近了与将军的距离，赢得了将军的好感。在军火商对甘地表达了敬仰之情后，这种好感达到了极点，为军火商成功推销打下了坚实的基础。

那么，我们在运用重点的一句话或重要的一些话时，需要注意什么呢?

1. 给自己和对方一个正确的关系定位

所谓关系定位，即你认为你和对方是什么关系。很多人没有搞清楚与他人的关系，就盲目地交谈，结果话不投机半句多，沟通没有办法进行。举个简单的例子：

销售人士面对客户时，如果只是把自己和对方定位为卖方与买方、商家与客户的关系，那么谈话难免会显得功利心十足，令客户反感。若是把双方定位为朋友关系，或是定位为产品顾问的关系，那交流起来就大不一样了。

以朋友的姿态来分享好的产品信息，客户买或不买、感兴趣与否，你不作任何强求；以产品顾问的姿态介绍产品，出发点是帮助客户更好地了解产品，而不是推销产品，客户也就不容易反感。

而且，随着销售的进行，这个关系定位要不断变化。当发现客户对产品不感兴趣时，销售员应将自己的身份定位为客户的朋友，以朋友的姿态同客户交流；当发现客户对产品的实用性很关注时，销售员应将自己的身份定位为产品顾问，向客户介绍产品的功能、优点。如此，销售员才可能说出让客户感到重要的话。

2. 敏锐地洞察交谈对象的情绪变化

人的情绪是一个很微妙的东西，如果你忽视它，就可能影响沟通的效果。

比如，交谈对象情绪失落或心事重重时，你还在喋喋不休，对方会对你的话感兴趣吗？答案不言自明。

（1）关注交谈对象的情绪，如果对方情绪高涨，说明他对你的话感兴趣，你可以继续说下去；如果对方心不在焉，那你就要设法调动对方的情绪。

（2）当交谈对象情绪亢奋，表达欲望强烈时，要给对方表达的机会。

（3）当交谈对象不断反驳你时，你应控制好情绪，多倾听，并采取“先认同，再提出不同意见”的策略应对。

3. 同样的意思，换一种说法，就显得更动听

同样的意思，用不同的方式表达，给人的感觉是不一样的，传递的信息也是不同的。比如，面对顾客的砍价，销售员没有唠叨诉苦：“不能再降了，真的已经是赔本了，你不要再砍价了……”而是说：“买东西图的就是物美价廉，我们的产品质量比同类产品质量好，价钱还差不多，这不正是物美价廉吗？”就这么简单的一句话，就能传递重点的信息——你的产品好，你的价钱不贵。

再比如，与其说“更昂贵”，不如说“高端”，这样不会招人反感，反而能提升档次；与其说“我们唯一担忧的是……”，不如说“我们一直以谨慎态度对待……”；与其说“这些高管的离开，对我们造成了很严重的伤害”，不如说“出现人才流动时，你必须做出调整”；与其说“作为一家企业，我们倾向于放缓决策过程”，不如说“过去，全面细致的决策过程让我们受益匪浅”。只因你改变了说法，就能提升表达的精彩度。

跳出对方的逻辑圈

在公司会议上或集体讨论中，总有一些人想主导整个谈话，如果任由他们这么做，你就会失去对谈话的控制；谈生意的时候，你的同伴偏偏在无关紧要的话题上唠唠叨叨，从客户的表情上看得出，如果再由同事说下去，这笔生意就可能告吹了；和重要的客户一起用餐时，对方不停地说着你一无所知的话题，你想把话题转移到一个你也能参与的话题上，但又不想让客户感到突兀。

如何悄无声息地转移话题，在对方没有察觉的情况下跳出对方的逻辑圈呢？这就要求你具备超高的表达技巧，在精确表达的同时，又能抛出似是而非的话题，达到“障他人之眼”的目的，从而牢牢地控制谈话的内容和走向。

有一次，一位妇人找到林肯，理直气壮地说：“总统先生，你一定要给我儿子一个上校的职位。我们应该享受到这样的权利，因为我的祖父曾参加过××战役，我的叔父是××战役中唯一没有逃跑的人，我的父亲参加过××之战，我丈夫是在××战役中战死的，所以……”

林肯说：“夫人，你们一家三代为国家服务，为国家的贡献实在太大了，我深表敬意。现在，你能不能给别人一个为国家效力的机会呢？”

妇人听了这话，马上无话可说，只好悻悻地走了。

如果你不喜欢现在的谈话内容，那就换个话题，林肯就是这么做的。

妇人的逻辑是（见图18）：

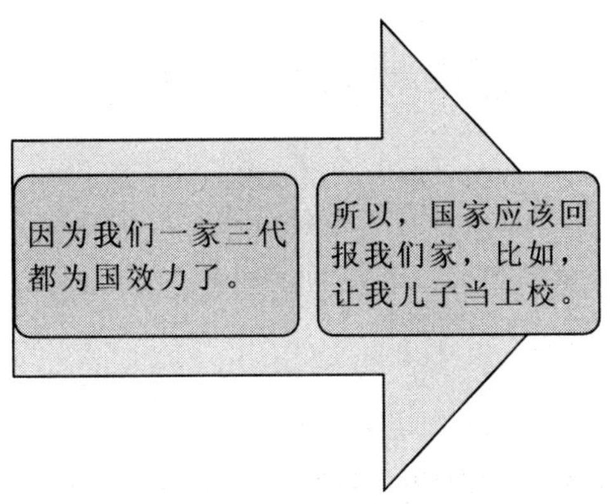

图18 妇人的逻辑

如果林肯不跳出妇人的逻辑圈，无论怎么回应，都会处于被动。令人拍手称快的是，林肯跳出了妇人的逻辑（见图19）：

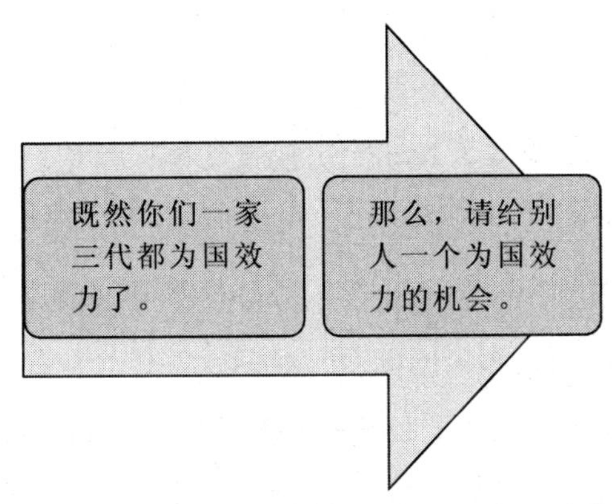

图19 林肯的逻辑

跳出别人的逻辑圈，按照自己的逻辑主导谈话的内容和方向，不仅可以防止自己在谈话中被人牵着鼻子走，还有助于对他人进行反驳和劝服。反驳和劝服的过程，就是不断将别人带入我们逻辑圈的过程。当别人进入我们的逻辑圈后，我们就可以从思维上控制对方，最终达到劝服他人的目的。

有个销售员向爱斯基摩人推销冰块："你好，你考虑过买新鲜的冰块吗？"

爱斯基摩人说："冰块？你开玩笑吧？我这里到处是冰块，根本不需要冰块。"

销售员说："那你喝水也是冰水？"

爱斯基摩人说："当然。"

销售员问："你发现过冰被粪便、脏东西污染这种现象吗？如果你的冰块中有这些脏东西，不慎吃到肚子里，会危害健康的。"

爱斯基摩人说："那我会去看医生。"

销售员："到了该看医生的时候，损失不就大了吗？"

爱斯基摩人："是的，你这冰块怎么卖？我买了。"

爱斯基摩人的逻辑是：我们根本不需要冰块，因为我们这里到处都是冰块。如果销售员跳不出爱斯基摩人的逻辑圈，怎么推销冰块都没有用。但聪明的推销员没有被对方的逻辑圈束缚，他及时跳了出来，用自己的逻辑影响了爱斯基摩人——食用的冰块必须干净，否则会危害健康，那样损失就大了。这是推销成功的关键。可见，跳出对方的逻辑圈，再把对方带入自己的逻辑圈多么重要。

很多人不知道跳出对方的逻辑圈，从自己不擅长的、对自己不利的谈话内容上转移出去，反而是别人问什么，他们就答什么，别人说什么，他们就跟着说什么。这就好比乘坐别人的车去兜风，如果只知道跟着别人的路线走，那别人可能不会带你去你想去的地方。你必须跳出对方的路线，说出你想去的目的地。谈话也是这样，你必须跳出对方的逻辑圈，适时掌控谈话的内容和走向。

那么，怎样才能跳出对方的逻辑圈，把对方带入自己的逻辑圈呢？

1. 悄无声息地改变谈话的侧重点

同样是围绕某个主题展开的谈话，由于谈话的侧重点不同，谈话的走向就会不一样。因此，如果你善于悄无声息地改变谈话的侧重点，那么，你就能轻松跳出对方的逻辑圈。

美国德雷柏广告公司的客户中有一个地产开发商，这个开发商打算拆除旧的宾夕法尼亚车站，建造新的麦迪逊广场花园。纽约市民们对这座宏伟的车站感情深厚，很多人反对将其拆除，甚至走上大街抗议。地产商一时找不到化解矛盾的策略，导致开发计划迟迟无法展开。

德雷柏公司就给地产商出了个主意——跳出纽约市民的逻辑圈。怎样才能跳出来呢？办法很简单，那就是悄无声息地改变谈话的侧重点，把讨论的焦点从“即将失去的宾夕法尼亚车站”转移到“即将获得的一座现代化、繁华、光鲜的新城市”上。

前者的逻辑是“你要夺去我们对其怀有深厚感情的车站，我们会失去精神上的寄托，我们当然不同意”；后者的逻辑是“我们将会给你们建造一座现代化的都市，让你们对新事物充满期盼，你们自然不反对”。虽然两个谈话都是围绕“拆除旧城、建造新城”，但由于侧重点不同，直接导致谈话的走向不同，也影响了最终的谈话结果。

怎样改变谈话的侧重点呢？

（1）先让自己成为旁观者，用冷静的思维去看待谈论的焦点。因为当局者的思维容易受限于谈论的主题，而旁观者却容易做到客观、冷静地看待问题。

（2）学会打“擦边球”，即避开原来谈论的核心内容，往旁边转移一下，正好擦着原来谈论的内容往下聊。

2. 把关注点转移到更重要的事情上

当你感到当前的谈话对你不利时，你应该把别人的关注点转移到更重要的事情上，因为只有更重要的事情才能吸引对方。

美国有一家空调公司，它在亚洲的产品定价比在美国高了30%。有记者对该公司的经理提问道：“同样的商品，中国的消费者却要多花30%的钱，你觉得他们会开心吗？你觉得他们会怎么想？”

显然，这个问题对空调公司是十分不利的。怎样将不利的话题转移到更重要的事情上呢？该公司的经理是这样说的："对于任何一家跨国公司来说，在不同地区分级定价其实是一种非常标准的做法。我来给你解释一下我们是怎样制定这些价格的……"

就这样，话题的重心就不是这家空调公司了，而是所有的跨国公司。而且，即便人们不认同这家空调公司的定价策略，也不会那么讨厌这家公司，因为所有的跨国公司都是这么干的，这家空调公司只不过是随大流而已。

把关注点转移到更重要的事情上，其实就是带对方走入自己逻辑圈的重要一环。为此，要记住两点：

（1）这个更重要的事情必须对听众有足够的吸引力。比如上面的例子中，对记者而言，能够通过一家公司了解全球所有跨国公司在不同地域的定价策略，无疑是最有吸引力的。

（2）至于怎样的话题对听众更有吸引力，这并没有定论，具体要看听众的喜好和兴趣。这就要求你及时洞察听众的喜好，捕捉对方的兴趣点。

巧施技巧，让对方跟着你的逻辑走

有一年春节期间，我们夫妻和其他两对夫妻在家里小聚。大家是关系很好的朋友，整个聚会在愉快中进行。不过，中间有个插曲，差一点就搅乱了聚会的气氛。

事情是这样的：当大家准备好饭菜，坐下来开始用餐时，其中一位先生从朋友圈上看到一位大学女同学的健身照片，忍不住脱口而出："我的神啊，你们看看这双大长腿，还那么细，太正点了。"

听到这话，大家都没有敢抬眼，因为大家不忍看到那位先生的妻子面露不悦。整桌人瞬间都沉默了，盼着有人出来救场。可是该怎么救场呢？在当时的情况下，对自己表达力不够自信的人，是不敢贸然发言的，以免引火烧身。

更令人叫苦不迭的是，那位先生居然对自己的过失发言毫无意识，反而继续说："她以前长得也很一般，现在比那时好看多了。如果我是她的丈夫，我肯定会很有压力，毕竟人家那么漂亮，身材那么好。"

他的妻子气得脸色通红，眼看着就要发火了。

在这种情况下，想要扭转局面，还得靠精确表达，既不能把话题转换得太突然，又得保持话题的延续性。什么办法才能奏效呢？我想最好的办法是拓宽话题，让话题的焦点有所转移，让大家的情绪有所转移。

作为主人，我可不想一次愉快的聚餐被他们夫妻二人的争吵打断。因此，我打圆场道："是啊，我觉得好多同学的变化都挺大的。不信的话，回去翻一翻我们在大学时的照片，再看看我们现在的样子，你们肯定会觉得现在的自己比原来有气质得多……”

就这样，我让大家跟着我的逻辑走，把话题换成更安全、更合适的话题。

当谈话出现了分歧，产生了尴尬，或者话题聊不下去时，这个技巧会格外有用。例如，在生意场上谈判或劝服他人时，你和对方持有不同的观点，如果你想让对方接受你的观点，如果你想成功说服对方，那你就得巧施技巧，让对方跟着你的逻辑走，慢慢接受你的思维方式和想法。

那么，怎样施加技巧，对方才会跟着你的逻辑走呢？

1. 顺毛摸驴——先控制对方的情绪

与人交谈，最忌讳的是无所顾忌地提出与对方相左的意见，这与控制谈话的主题和走向，向对方施加影响的初衷是相违背的。聪明的做法是顺毛摸驴，这是控制对方情绪的总体原则，也是引导对方跟着你的逻辑走的第一步。具体怎样顺毛摸驴呢？可以按照以下几个步骤来操作：

（1）放低对方的重心，礼貌地请对方坐下来谈。有研究表明，人的身体重心越高，情绪越容易失控。因此，当对方情绪不稳定时，礼貌地请对方坐下来谈。

（2）反馈式倾听，给对方关注和回应，即让对方先说，你摆出低姿态去听，身体前倾，与对方通过眼神交流。不论对方说什么观点，你既不要明显地赞同，也不要直接反驳。

（3）重复对方的话，表达你的重视。人一般对自己说过的话感兴趣，因此，你重复别人的话，有利于赢得他的好感。

（4）适时转换场地，换个环境。如果在当前的环境中，你无法说服对方，你可以试着换个环境。比如说：“哎呀，房间里有点闷，我请你出去吃点东西、喝两杯。”然后一边走，一边与对方聊，这样有利于分散对方的注意力，缓和对方的不良情绪。

2. 设法让对方不断地用“是”来回答

当一个人频繁回答“是”时，他会形成一种肯定的意念。所以，谈话中

的提问非常关键，即要设法让对方说“是”。

美国一家银行的工作人员接待了一位经济实力雄厚的大客户，当他要求对方按照银行的规定填写存款申请表格时，对方表示不愿意填写表格。工作人员没有对他说：“银行是这么规定的，你不填表格就没办法给你存钱!”而是采用提问的办法，引导客户不断说“是”。

工作人员对客户说：“如果发生了什么不测，你存在银行的钱愿意转交给最亲密的人吗?”

客户马上说：“那是肯定的，还用问!”

工作人员接着问：“如果你不愿意填写这张表格，我们不知道你的相关信息，万一需要的话，就没办法将钱转交给你的亲人，是吗?”

客户马上说：“是，是的。”

很快，客户就改变了态度，认真地填写了表格。

这个例子告诉我们，与人交谈时，如果设法让对方说“是”，对方就很容易忘记争执点，然后愉快地接受你的建议。让对方不断说“是”，是控制谈话主题和走向，让对方跟着你的逻辑走的有效手段。具体来说，要想让对方用“是”来回答你，你可以尝试以下办法：

（1）先来一个“明知故问”，即提一个很明显应该用“是”来回答的问题。比如，服装销售员问顾客：“你想不想通过着装提升个人气质?”这不是废话吗？顾客肯定会这样想。这样想就对了，销售员就达到了自己的目的。

（2）再顺着第一个问题引申，继续提一个“明知故问”的问题。比如，销售员问顾客：“想提升气质，是不是应该穿最适合自己个性的服装?”当然是这样，销售员再一次达到让对方回答“是”的目的。

（3）提出关键性问题——“我给你推荐的这款服装就非常符合你的个性，你整个人看起来干练、有内涵，这款服装正好与你吻合，是不是这样?”

记住，提问进行到这一步，你最好能把重点问题摆出来，避免连续太多的提问，引起对方反感。在提问中，夹杂对对方的肯定和认可，给对方留下好感，有利于对方用“是”来回答你。如果顾客回答“是”，那推销就成功了。反之，应继续寻找说服的突破口。

3. 站在对方的立场说话，让对方感到你在为他着想

想让对方跟着你的逻辑走，很简单，那就是设法让对方感到你在为他着想，即你要奔着为对方利益着想的方向说话。在这方面，有个经典的例子：

第二次世界大战时期，美国军方推出一种保险：每个士兵每个月交 10 美元，若在战场上牺牲了，家人就能得到 1 万美元的赔偿。这个保险出来后，军方认为士兵肯定会争相购买，但没有想到大家都很抵触这种保险，认为不吉利。

怎样说服大家购买这种保险呢？各连长都充当说客，可效果都不怎么好。其中一个连，有个老兵对连长说：“让我来试试，看能不能说服大家！”连长虽然觉得不以为然，但还是给了老兵一个机会。

老兵对大家说：“弟兄们，我所理解的这个保险是这样的：战争开始了，大家都会被派往前线。假如你投保了，一旦不幸牺牲，政府就得赔你 1 万美元。但如果你没有投保，在战场上牺牲了，政府不会掏 1 分钱。各位想想，在这种情况下，没有买保险的士兵会不会率先被派上战场呢？”

老兵话音刚落，士兵们纷纷踊跃投保，因为大家都不愿意成为率先被派上战场的人。

这是一个略带黑色幽默的故事，但其中精确表达的逻辑技巧体现得淋漓尽致。那就是站在对方的立场上说话，让对方感到你是在为他着想，对方才会心甘情愿跟着你的逻辑走，最后接受你的意见。

简化因果关系，原因不必说太多

很多女人爱问男人：“如果我和你妈同时掉进河里，你先救谁?”

无论男人的回答让女人开心——“先救你”，还是让女人生气——“先救我妈”，女人都会接着问：“为什么?”正是这个“为什么”让男人很为难，因为男人怎么回答都不妥，怎么解释都很难两全其美。

聪明的女人，要么不问男人这个问题，要么问出了答案后，不纠缠于追查原因。原因没有必要问太多，问得太多显得啰唆，问得太多让人哆嗦，问得太多答者说破，最后往往让人难以自圆其说。

同样，在职场交际和日常生活中，作为说话的一方，也没有必要主动地说出事情的太多原因。比如，领导找下属李楠，不巧她正下楼去见男朋友了。这时，作为知情者的你，只需告诉领导“李楠有事下楼了”即可，完全没有必要告诉领导“李楠在楼下与男朋友见面”。因为后者虽然说出了真实原因，但也等同于出卖了李楠，会给李楠带来不好的影响。同时，也会招来李楠的不快。

原因不必说太多，理由有三个：

理由1：解释就是掩饰。

在别人没有期待你说出原因时，你却主动说出来了，会给人一种“此地无银三百两”的意味。常言道：“解释就是掩饰。”尽管并非所有的解释都是掩饰，但总有一种解释是掩饰。在沟通中，有些人会在不经意间犯这个毛病，就是把原因交代得太细，结果反而令人生疑。

赵女士拎着一大袋礼物，去拜访单位的领导，路上碰到了同事李女士。赵女士怕李女士误会她是去找领导“进贡”，于是解释道：“我去前面××小区看望一位朋友，他最近心脏病犯了。我也没有买什么好东西，就是略微表达一下心意！”

说得这么详细，反而令李女士不自在，她想：“你是不是怕我怀疑你什么？不然怎么对我坦白交代这么多？”后来，李女士把这件事跟单位另一位同事说了，那位同事告诉李女士：“咱们单位领导就住在那个小区，而且他最近犯了心脏病，她（赵女士）该不会是去看望领导吧？”李女士恍然大悟：“难怪当时她那么紧张，对我交代那么多，原来如此啊！”

看看，赵女士的解释反而暴露了自己的动机，这不是弄巧成拙吗？

理由2：别人不需要你解释原因。

在交谈中，有些事情别人根本不需要你解释原因。因为原因显而易见，对方从你上句话中就能洞察出原因，并期待你继续往下讲。如果这时你中止原有的讲述，转而解释原因，对方反而会觉得你表达啰唆，不干脆利落。

“昨天，我碰到了一件奇怪的事，说起来我自己都不敢相信！”

“什么事？说来听听！”

“事情是这样的，昨天出门的时候，我把自己裹得严严实实，还戴了口罩，打了雨伞。知道为什么我把自己裹得严严实实吗？因为昨天大降温，太冷了；而且昨天有严重的雾霾，所以我戴口罩了，我怕中毒啊！打伞是因为我出门时下雨了……”

“好了，直接说重点，你到底遇到了什么事？”听者不耐烦了。

为什么穿得很厚实、为什么戴口罩、为什么打伞，这些简单的事情根本没有必要解释原因。如果你乐此不疲地解释，会造成你的表达啰唆、不精练，让听众感到厌烦。

理由3：如果别人想了解原因，自然会问你。

之所以不鼓励大家主动交代太多原因，是因为原因藏在事物的表象里，如果别人想了解原因，自然会向你探寻。当别人向你探寻原因时，你再有选择性地表达，即可满足对方的好奇心理。在这种情况下，对方倾听的高专注度是你们高效沟通的重要保障，而且你还能给对方留下“善于表达”“愿意分享”的好印象。

综上三种理由，你会发现，原因不必说太多是有前提条件的，这个前提条件就是（见图20）：

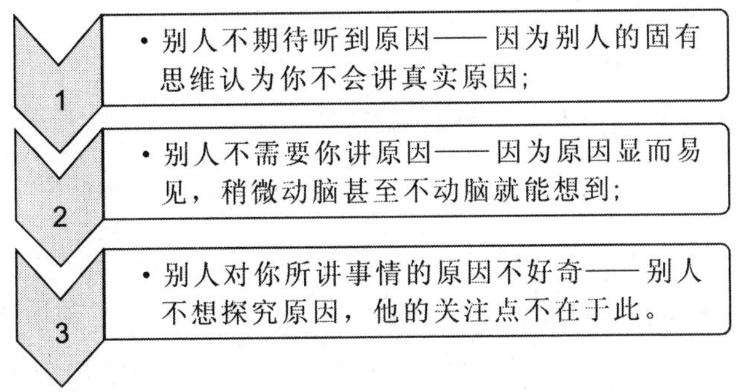

图20 原因不必说太多的三个原因

明确了以上三点后，在交谈中，就更有利于实现精确表达了。

1. 该一笔带过就一笔带过，无须细讲

在大家的固有思维里，有些事情的原因，是不可能听到真实的解释的。对于这类事情的原因，你就应该一笔带过。比如，秘书接到陌生来电，对方找领导，她会官方地回复：“对不起，领导正在开会，你有事吗？我可以代为转达！”事实上，领导真的在开会吗？这可不一定。至于领导到底在干什么，秘书不可能告诉来电者。

再比如，上文例子中的赵女士，在遇到李女士时，礼貌地打个招呼即可，没有必要主动交代自己要去干什么。即便李女士问她去干什么，她也可以一笔带过地说：“我去看望一位朋友！”至于去哪里看望朋友，看望怎样的朋友，这一切都可以省略掉，相信李女士也不会继续问下去。

一笔带过的回答策略是：无论是主动回答，还是别人提问，如果你不想告诉对方真实原因，即可回答“我去外面逛逛”“领导在开会”“我出去办点事”等等。这样，能很好地保护自己，又不让对方问了后得不到回应而尴尬，是一种委婉、含糊的礼节性的回答。

2. 不该解释的原因坚决不讲

如果有些事情的原因很明显，不需要解释，就坚决不要解释。尤其是在讲述一件事的时候，如果中途时不时解释一些没有必要解释的原因，会让你的讲述被频繁打断，会影响听众的聆听效果。而且，如果你殷勤地解释，反而会让人觉得你在质疑他的智商：“这么简单的原因难道我想不明白吗？我又不是弱智！”所以，不该解释的原因坚决不讲。

3. 别人好奇发问时，你要把握解释原因的分寸

有时候，你不想解释事情的原因，但别人偏偏对原因特别好奇，想探寻真因。面对这种情况，你应视具体的事情来决定透露原因的分寸。比如，秘书面对陌生来电者的询问“领导去哪里了”，她的回答是“领导在忙”“领导在开会”“领导有事”。这类回答就很笼统，甚至可以说是敷衍，目的是让对方无法打听到领导具体在干什么，以免暴露领导的行踪。而那些不涉及个人隐私、公司机密的原因，则可以开放地分享出来，可以在别人好奇发问时，和盘托出，以满足对方的好奇心。

三段论法：让你的表达无人可反驳

有一次，法国生物学家居维叶在睡午觉时被吵醒。他睁开双眼，看见一只头上有角的“怪兽”正将两只蹄子伸进窗口，嘴里还发出阵阵可怕的叫声，好像要一口活吞了他似的。居维叶没有恐慌，而是观察了一下怪兽后，继续躺下去睡午觉。怪兽也没有进屋，而是悄然退去。

事后居维叶得知，这只怪兽是他的学生装扮的，想吓唬一下他。可是居维叶当时并不知道这是学生的恶作剧。当学生对居维叶的胆量表达敬佩时，居维叶笑着表示，他并不是胆量大才不怕吓唬。

居维叶对学生说：“我曾告诉过你们，有角有蹄子的动物，有什么特点？”

学生们说：“有角有蹄子的动物都是素食主义者（吃植物的）。”

居维叶又问：“那天你们扮演的怪兽，既有角，又有蹄子，这能说明什么呢？”

学生们恍然大悟：“这说明那只怪兽不吃人，没有恶意。”

居维叶说：“对了，所以我根本不怕。”

在居维叶的这段表达中，蕴含着一个三段论推理法。所谓三段论推理，指的是由两个前提和一个结论组成的推理过程（见图21）：

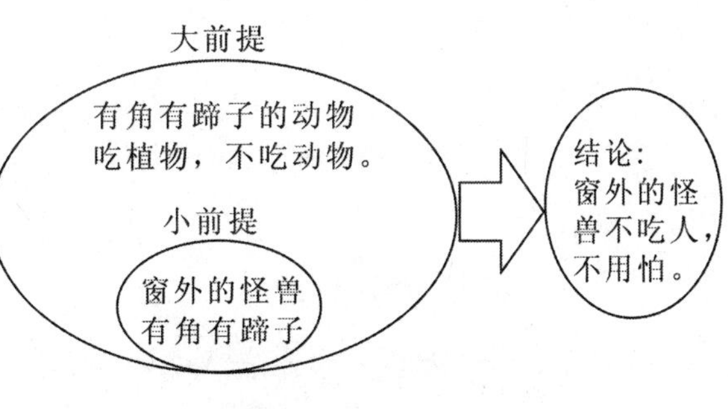

图21　居维叶的三段论推理

一般来说，大前提针对的是一般性的原理，小前提针对的是个别现象。三段论表达法，就是先用一般性的原理表达一句，再说出个别事物、个别现象，以得出让人无可辩驳的结论。举个通俗易懂的例子，你想劝说妻子多喝水，可以对她说：

“是人就要喝水，对不对？”

她无可辩驳：“当然。”

你又说：“你是人，对不对？”

她肯定会说：“那不是废话嘛。”

你再说：“所以，你应该喝水，对不对？”

通过这段有逻辑的表达，一个不辩自明的结论就出来了——她应该喝水。这个结论充满了说服力，你的妻子不得不乖乖认同。别说是你的妻子，在三段论表达法面前，就连古希腊著名的哲学家苏格拉底都不得不低头认服。

有个人曾对苏格拉底说：“大师，我很崇拜您，我可以向您请教几个问题吗？”

苏格拉底说：“没有问题。”

那人说：“所有人都会死，这句话对不对？”

苏格拉底说：“对。”

那人说：“大师您是人，对不对？”

苏格拉底说：“对。”

那人说：“大师您也会死，对不对？”

苏格拉底说：“……”

看见了吗？这就是三段论表达法的魔力，一旦你的表达以三段论的形式出现，回答者就无法说“不”。因为说“不”意味着错误，意味着睁眼说瞎

话。就像苏格拉底那样，他不能说“所有的人都会死是不对的”，也不能说“自己是人是不对的”，更不能说“自己会死是不对的”。

那么，怎样运用三段论法实现精确表达呢？

1. 抛出一个世人皆知的真理

世人皆知的真理，可以是大部分人所共知的常识，也可以是早已被证明的道理，还可以是某个科学结论。比如，“人都要喝水”“人都离不开空气”“人都会死”等等。以这类观点作为大前提，那就是毋庸置疑的。

需要注意的是，在抛出大前提时，一定要带有明确的目的。

有个演员是酒鬼，有一次拍喝茅台酒的镜头，导演让他用水代替茅台酒。他表示不服，就找导演理论：

“导演，拍戏拍的是真实的生活，是吗？”

“是的！”导演说。

“那拍喝茅台酒的戏，就得用真茅台酒啊！”

酒鬼在这里就有目的地抛出了一个大前提——拍戏拍的是真实的生活。之所以要抛出这个前提，与他后面说的小前提是紧密相连的。这个小前提是，喝茅台酒就要用真茅台酒。

2. 针对具体事物提出小前提

在抛出小前提时，一定要针对具体事物，即你想要表达的观点。延续上面拍喝茅台酒戏的例子，“既然拍喝茅台酒的戏，就得用真茅台酒！”导演也用三段论法来反驳：“按你这个逻辑，拍喝毒药的戏，你是不是也要喝真毒药啊？”演员无话可说。在这里，导演巧妙地用了一个针对大前提的小前提，很好地反驳了演员。

第 8 章

最后一句话：找准时机，到此为止

对很多人来说，开始一段谈话容易，结束一段谈话却有些难度，尤其是当谈话进行得很愉快时结束谈话。因此，学习并掌握一些简单的结束谈话的方法，不但可以减轻你的心理压力，还多多少少能为你节省一些时间，同时又能维护你的沟通形象。

至关重要的最后一句话

在这个世界上，最公平的大概就是时间，每个人每天只有24小时，宝贵而短暂。大多数人都不希望将时间白白浪费在无效率的闲扯上。在商务交际中，如何礼貌地结束谈话与如何说好开场白一样重要。虽然它不需要很复杂，一般来说只要一两句就足够了，但真正要说好结束语并不容易。

如今，已有科技团队开发出沟通场合自动拨号软件，能帮你有计划地结束谈话。不过，靠软件从谈话中脱身并不是万全之策。更多时候，我们需要用嘴巴或身体语言表达出结束谈话之意，让对方知趣地配合我们终止谈话。

比如，在工作间隙休息的时候，你不幸遇到了一个爱抱怨、爱传八卦新闻的同事。你对八卦新闻没有兴趣，也不想在背后议论他人，可是当对方热情地和你聊起这些无聊的话题时，你该怎么办呢？

如果你不吭声，对方肯定会误以为你对他这个人有意见；如果你跟着聊，又违背了你做人的原则；如果你一走了之，又显得很无礼。你还不能对他说："我们不应该在背后议论别人。"否则，对方会觉得你假仁假义。

遇到这种情况是不是很难应对？是不是绞尽脑汁都想不出用什么办法结束谈话？不要担心，如果再遇到这种情况，你可以试试这个办法——指出被谈论对象的优点，然后礼貌地从谈话中脱身。例如，你可以对他说："虽然你这么说，可是据我了解，他还是靠得住的人……""是吗？哦，哦，哦……"当你连续"哦"了三次，对方能明白你不想继续谈下去。

还有一种情况是，当别人想结束谈话，并向你传达了某些暗示时，你最

好能善解人意地表达结束谈话之意。比如，在长途旅行中，你旁边正好坐着你的客户。对方眯着眼睛听音乐，或把头转向窗外看风景，或正忙着用手机与人沟通，这时你最好是与客户打个招呼，或相视一笑，然后保持沉默。

同时，你要保持敏锐的观察，留意客户的身体语言，在对方取下耳机、不再向窗外看、放下手机时，你应该主动发起谈话。不要总觉得自己会打扰对方休息，你只要确定对方是否有空闲即可。当然，客户到底想不想和你聊下去，取决于你的话题以及客户当时的心情，所以，交谈过程中你依然要察言观色，以便在恰当的时机结束谈话。

再比如，你的老板在你汇报工作的时候，拿出了一沓文件，你就该适可而止或长话短说了。你可以对老板说："我知道你还有很多工作要做，我就不打扰你了。"如果你无视老板的举动，依然喋喋不休，老板肯定会想："你这个人怎么那么啰唆，你到底要说到什么时候？难道不能长话短说吗？难道没有看见我有很多工作要忙吗？"

无论你是主动想结束谈话，还是被动结束谈话，你最好都能主动说出来。心理学家总结出一个结束沟通谈话的常见"配方"：内容总结＋合理化＋积极影响陈述＋连续性＋祝福。我给你举个例子，你可这样说："好吧，咱们也聊得差不多了（内容总结），我还有事要办（合理化），能跟你聊感觉真好（积极影响陈述），希望下周咱们还能见面（延续性），路上小心（祝福）。"

那么，在结束谈话时又要注意什么呢？除了这个最常见的结束谈话的"配方"，我们还需掌握哪些结束谈话的方法呢？

1. 不要在交谈热烈的时候突然结束对话

结束谈话讲究时机，最忌讳的是在双方热烈讨论某一问题时，突然将对话结束，这是一种非常失态、失礼的表现。建议你这么做：

（1）如果激烈讨论某一问题时出现了矛盾和分歧，导致你不想继续谈下去，你应设法转移话题。比如，突然聊聊天气："今天的天气真奇怪，上午大太阳，下午居然下雨了。"

（2）一旦气氛因话题的转移而缓和下来，你应赶紧收场。比如说："哦，我想起来了，我好像忘了关屋子的天窗，我得赶紧去看看!”这样就不显得突兀。

2. **无论什么情况，最好笑着说再见**

结束谈话还要讲究态度，笑着说出再见总比黑着脸说再见给人的感觉好。心理学上有个经典的效应叫“近因效应”，指的是当人们识记一系列事物时对末尾部分项目的记忆效果优于中间部分项目的现象。信息前后间隔时间越长，近因效应越明显。原因在于前面的信息在记忆中逐渐模糊，使得近期信息在短时记忆中更清晰。

如果你想给别人留下一个好印象，最好在结束谈话时保持微笑，无论你们之间的谈话是否愉快。你可能说：“我心里不痛快，笑不出来!”那我劝你可以假装微笑，毕竟大家日后见面的机会还是有的，没有必要因为一次不愉快的谈话而给人留下不好的印象。

3. **5种实用的结束谈话的方法**

方法1：总结回顾法。

如果你经常由于表达的要点过于分散，让听众觉得不知所云，那么你在结束谈话时，最好来一个总结回顾。比如，你可以对交谈对象说：“我刚才说的内容主要有三点，第一……第二……第三……好了，今天我们就聊到这里吧。”当然，即便你说话有逻辑、条理很清晰，你也可以用这种办法结束谈话，它可以让你更好地传达自己的观点。

方法2：表达赞美法。

表达赞美是一种能够提升交谈对象自我感觉的策略，继而让对方对你产生更好的印象。比如，“这顿饭真的很美味，如果不是下午有事，我真的不想走了。”“跟你聊得很开心!”“你真是个有趣的人，刚才的聊天让我很开心!”“今天我们说的这些真是有趣!”

方法3：间接指正法。

如果有人跟你聊一个你不想聊的话题时，你可以运用间接指正法来让对方“闭嘴”。比如，“我这个人是这样的，如果对话可能导致我的爱人对我有

意见，我是不会参与其中的，你刚才说的内容就属于这类话。”“这个办公室里的情况已经够复杂了，我觉得我们没有必要蹚这趟浑水。”

方法4：愿景展望法。

在结束谈话时，可以使用一些祝福或激励的话，使用得当的话，可以让表达取得锦上添花的效果。事实上，愿景展望法是在表达赞美法基础上加了一点期待。比如，“今天和你聊得太愉快了，期待下次再和你见面，到时候我们接着聊！”此话一出，对方自我感觉会马上加分。

方法5：表达理解法。

表达理解法一般用于感觉到对方想结束谈话时，你主动说出结束语。比如，“我知道你很忙，所以，今天就聊到这里吧，你赶紧回去做事吧！”“我知道你日程安排得紧，所以，我只是想和你打个招呼，你接着忙，我告辞了！”这样的结束方式会让人觉得你很通情达理、善解人意。

不想聊就停止，不要勉强把话拖长

在与人交谈中，我们总会遇到“对方想聊，我们不想聊”的时候，如果你不好意思停止谈话，而是假装很感兴趣地聊着，对方见你很“配合”地与他交谈，他会越聊越兴奋。在这种情况下，你更加不好意思对他说：“我们就聊到这里吧!”于是，你不得不忍受痛苦的煎熬，直到对方说累了，不想再聊了为止。

这种“对方想聊，我们不想聊”的情况一般有三种：

情况1：对方是个自恋狂，而且情商很低，不会察言观色。

哈佛大学的心理学家调查发现，大多数人在交谈中都喜欢谈论自己，大概会把40%的时间花在谈论自己上。这属于正常的心理范畴，但我要说的是，有些人是“自恋癌”患者。不管你在讲什么，他们都会扯到自己身上，这个过程只需要10秒钟，比穿一双袜子还快。

即使你聊的话题很严肃，比如，“昨天晚上有人敲我家的门，把我吓得……”你的话还没有说完，还没有说明白你到底发生了什么事，对方就会开始谈论自己：“这有什么好怕的，我给你推荐一个人，他是专门卖门锁的，我家的三级防盗锁就是在他那里买的。如果你需要装个安保系统，我也可以给你介绍一个朋友，保证给你优惠价……”

是不是觉得很夸张？其实我真没有夸张，我身边就有这样的“自恋癌”患者。当你正常说话时，被对方这么一插话，话题立即离题万里了。如果你把话题扯到原来的话题上，反倒显得你是个不知趣的插话者。所以，碰到这

种情况，你瞬间就不想再聊下去了。

情况2：对方聊的是你不感兴趣的话题，或者你根本不了解的话题。

当对方聊的话题是你了解的，即便你不感兴趣，你还可以礼貌性地聊几句，至少你知道该说什么。可是，对方聊的是你根本不了解的话题，你又该如何去应对呢？如果你对这个陌生的话题比较好奇，想了解新事物，那尚能带着兴趣去倾听。可如果你对这个新话题根本不感兴趣，那是不是很受折磨？如果你假装很感兴趣地听着，对方可能以为你真的感兴趣，会聊得更兴奋。

情况3：对方聊的是你极其反感的话题，你又不想与他抬杠。

当对方不知趣地聊了一个你极其反感的话题时，你已经暗示了对方你不想聊下去，但对方依然喋喋不休。这时你不想与他抬杠，免得发生分歧和不愉快。可是，如果你假装在听，或者你的表现让对方误以为你对这个话题感兴趣，那么你就会忍受更长时间的煎熬。

碰到以上三种情况，我建议你：不想聊就停止，不要勉强把话题拖长。不要奢望所有人都会察言观色，有些人明明不太会说话却不自知，这会让你不堪烦扰。还有一些人特别喜欢抬杠，较起真儿来显得特别讨厌。可你又不是素质低的人，不能对其发脾气，你只能通过言语让他认识到该结束谈话了。

1. 用最简单的话表达“你不想聊下去”之意

面对以上三种情况，你应该以最简单的话语表达“你不想聊下去”之意，越简单、越简短的话越好。比如：

“我们就聊到这里吧！”言下之意是：我不想再和你说什么了。

“我们的谈话可以告一段落了。”言下之意是：你可以打住了，再说我跟你急。

“这个话题再争下去也没有什么意思。”言下之意是：没有意思的话题就别聊了，免得伤和气。

“这件事已经没有必要再聊了！”言下之意是：我们各自的态度已经见分晓，而且都很坚定，没有协商的余地。

“我能说的都说完了！”言下之意是：我和你已经没有什么说的了。

用“呵呵”“哦”等简短、消极的词语回应对方，言下之意是：我对你的话根本不感兴趣。

“我去一趟洗手间!”找个理由离开一段时间，惹不起我就躲。

2. 快速切换话题，间接地拒绝对方原来的话题

当对方与你聊的话题你根本不感兴趣时，你本可以采用上述的方法去表达结束谈话之意。但有时候，对方和你关系不错，或者你还有时间，还想和他聊聊别的，你可以采取快速切换话题的办法，间接地拒绝对方原来的话题，把对方引入你想谈论的话题。

有一次，我邀请一位朋友吃饭。见面后，我们互相寒暄了一下，然后就开始畅快地聊起来。聊着聊着，朋友就开始聊自己，都是一些家长里短。我对这些内容并不感兴趣，于是就快速按下了话题切换键。我趁朋友说话的间隙，笑着对他说：“你认识××公司的陈总吗?”就这样，我把话题引入到我想谈论的地方。然后，我们围绕着这个话题聊了起来，最后我顺利地达到了办事的目的。

切换话题的方法有很多，下面我们就来介绍三种实用的方法，让人在不知不觉中跟着你的话题走：

方法1：结合环境，即兴发挥。

结合你当时所处的环境，即兴发挥一下，就可以切换话题。比如，你和客户坐在窗户旁边喝咖啡，当客户聊的话题你不想聊时，你可以对他说：“你看那位路人，走路的姿势是不是很特别?”这样客户就很容易被你的话题吸引，他所谈论的话题就中断了。然后，你再快速跟客户谈论你想谈论的话题。除了眼前看到的事物，还有耳畔的声响、闻到的气味、身体感受等，都可让你即兴转移话题。

方法2：激发好奇心，以切换话题。

好奇心是人的天性。在交谈中，如果你想切换话题，只需说一些更新鲜、

有趣的话题，就可以轻松地将对方的谈兴吸引过去。比如，对方聊着聊着，你可以突然问对方："给你介绍一位大客户，你想不想认识一下？"对方很可能问："什么客户？"这样一来，你就可以与他聊客户了。

再比如，你和同事出去办事，一路上同事都在聊一些八卦新闻，而你想和他聊一聊做好这件事的方案，这时你就可以对他说："你听说了公司人事部最新的考核指标了吗？"同事被你这么一问，肯定会说："什么指标？"你可以告诉他："公司从下个月开始，考核指标中，业绩所占的比例高达50%，所以，我们得想办法把业绩搞上去啊！"然后，你再与同事聊你们所要办的事，和同事商量采取什么方案来办。

方法3：采用建议的方式转移话题。

所谓建议的方式，就是直接告诉对方："我们换个话题怎么样？""聊点别的如何？"这是一种比较直接的话题转移法。在运用的时候，除非你和对方关系很好，或者察觉到对方对当前聊的话题也不感兴趣，否则最好少用。因为这个话题转移法有些突兀，如果对方聊得特别兴奋，你突然来这么一句，会让对方很扫兴。

提前打招呼：我只有5分钟空闲时间

与人交谈，最忌讳的是在双方聊得最兴奋、最开心的时候，一方突然对另一方说："不好意思，我要走了……"这无异于给人泼了一盆冰冷的水，十分扫兴。若想让谈话的结束不那么突兀，最好的办法是在交谈开始时，就跟对方打招呼："我只有5分钟空闲时间。""见到你很开心，不过我们只能聊一会儿，待会儿我要……"

有了时间预期后，等时间到了，你再提出结束谈话，就不那么唐突了。尤其是当你交谈的对象是一个众所周知的话唠，聊起来就没完没了时，那你更应该在开始交谈前就告知对方你只能聊一会儿，等会儿还有事要办。如果你不提前打招呼，过了几分钟后突然撤离，对方肯定会心生不满。

很多年前的一个春节前夕，我陪父母逛商场置办年货，遇到了一位高中同学。当时我对这次不经意的偶遇感到十分兴奋，毕竟我们十几年没有见过面了，回想起当初上学时的生涩而稚嫩的脸，再看看如今的样子，我们两人感慨颇多。于是，我让父母先去逛，我等会儿去找他们。然后，我和老同学找了一个茶吧，一边喝茶一边聊天。

坐下聊了15分钟后，我意识到自己的决定是多么错误，因为这位同学是个话痨。在这15分钟里，他一个劲儿地聊自己这些年的经历，我几乎插不上话。可是碍于老同学的情面，我又不好意思对他说再见，于是又硬着头皮听他唠了十几分钟。就这样，半个小时过去了，我心里着急，但嘴上不好说，

就暗示对方："现在几点了？"对方看了一眼时间，说："五点差10分钟，早得很！"

我答道："真的不好意思，我和父母约好了，五点半在超市门口见。"

同学说："别着急嘛，这里离超市很近，3分钟就到了，我们再聊聊。"

后来，我们又聊了一会儿，我看了一眼手机，7分钟一到，就起身道别："不好意思，我真的要走了，下次我们再聊，有事打我电话。"说着，我给了同学一张名片，就走了。

我承认这次分别有些仓促，只怪我没有提前跟同学打招呼，告诉他我只有几分钟的空闲。从那以后，我学习了一些结束谈话的方法，供大家参考：

1. 考虑设定交谈时间上限的必要性

在你决定设定交谈时间上限时，你最好先思考三个问题：

第一个问题：对方是怎样的一个人？如果对方是话痨，那毫无疑问，交谈一开始就要告诉对方你只能聊一会儿。

第二个问题：你能否掌控将要谈论的话题的时间？如果不能掌控，那最好别设定时间上限，以免你设定的时间到了，对方很知趣地结束谈话，你想要说的却没有说完。到那时，你就成了这次谈话的拖后腿者。

第三个问题：你估计对方可能会和你聊多长时间？这涉及的一个问题是，对方可能和你聊什么内容。如果对方和你聊的不是工作上的问题，只是打个招呼，随便问候几句，那是没有必要设定时间上限的。只有当对方和你聊的是工作，且据你对这项工作的了解，你们可能聊较长时间，同时你又很忙，你才有必要设定交谈时间的上限。

这就是为什么当我忙碌的时候，又不得不接待他人，和他人交谈时，我在交谈开始时告诉对方："我只有几分钟的空闲时间，我们长话短说，好不好？"如果对方说："恐怕几分钟没有办法沟通到位。"我会立即回应道："要不这样，明天我抽时间约你，我们找个时间好好聊聊这项工作？"这样，就等于给了对方退路，也给了自己退路，让自己在时间上不至于那么仓促。

2. 设定的时间到了，提出结束谈话

由于前面给对方提了一个醒，因此，当设定的时间到了，我会很自然地提出结束谈话。例如，“好了，我们谈得差不多了，我要去忙了，下次再聊！”“好了，我还有件事要办，我得去一趟了，我们就先聊到这里吧！”

3. 设定的时间不会太长，一般10分钟之内

你打算预设多少交谈时间？你总不可能对别人说：“我只能和你聊1个小时，1个小时后我还有事要忙。”如果对方和你关系不是很好，一定会被你吓到，他会想：没有搞错吧，我可没有想过和你聊几个小时，我不过是和你打声招呼，和你随便聊几句而已。所以，我的建议是：预设的时间不宜太长，10分钟足矣。预设的时间越少，越能让人感觉到你很忙。

不露痕迹地表达你的结束之意

有人觉得开始一段谈话是一件有难度的事情，但结束谈话同样是一件有难度的事情，甚至比开始谈话更有难度。特别是遇到了一位健谈的朋友、同事或客户，简单地打断好像没礼貌，直接拒绝又不太合适。究竟怎样才能坚定地拒绝，又不伤对方感情呢？这就需要你小心翼翼地处理这种微妙的关系了。

“老罗啊，我知道你是个聪明人，你不会给自己惹麻烦的是吧？那就最好别聊这个话题！”面对一位爱打听他人隐私的同事，你可以这么暗示对方。暗示对方你想结束谈话，是一种委婉的、不露痕迹的终止谈话术。谁都不是傻子，你这么暗示对方，明显就是在拒绝和对方谈论这个话题，相信对方会知趣地结束谈话。

具体来说，想达到暗示对方目的办法有这样几种：

1. 用身体语言委婉地暗示对方想结束谈话

身体语言是一个人心理的反应，通过身体语言可以察觉人的内心想法。

（1）时不时地看一下手表、手机，好像时间紧张一样。

（2）频繁地改变坐姿，或举目四顾，显得有心事。

（3）表现得身体不太舒服，时不时唉声叹气，让人觉得你没有心情交谈。

（4）在对方说话的时候，拿出耳机，插入手机。记住：不要戴上耳机，因为在别人说话时你戴上耳机是不礼貌的。你拿出耳机，并插入手机，是在暗示对方：“我现在想听歌，我没有心情谈话。”

一般来说，当你表现出以上那些身体语言时，大多数人都会知趣地结束谈话。

2. 起身找些事做做，不要一直坐着听对方讲话

两个人坐在一起谈话时，如果一个人一直在说，而另一个人一直坐着听，那说话者很自然地会以为对方对自己的话感兴趣，也会越聊越兴奋。但如果听话的人只是假装在听，其实心思根本不在对方的讲话上，只不过碍于面子不好说出结束谈话的意思。如果你遇到这种情况，怎样才能脱身呢？

我的建议是：你应该起身找些事情做做，让对方意识到你并不是闲着无事。

（1）如果是在自己家里，你可以拿起拖把拖地，或拿起抹布抹桌子，或者整理茶几。

（2）如果是在公司里，你可以回到你的办公桌，收拾桌子，整理摆件，或打开电脑，查查资料、看新闻。

（3）如果是在某个沟通场合，比如，酒会上或咖啡厅，你可以起身到门外瞧瞧，并告诉对方："有个朋友说过来找我，我看他来了没有。"你还可以起身去洗手间，而且故意拖延时间再出来。

你起身做些事情就是想告诉对方："我没有时间听你聊天或没有心情听你聊天。"剩下的就看对方是否知趣了。

3. 尽早打断对方，别给对方滔滔不绝讲下去的机会

你有没有发现，如果你对一个话痨摆出认真听的姿态，对方会瞬间自信心爆棚，以为你真的对他的话感兴趣，然后就会向你疯狂地诉说。遇到这种人，我们该怎么办呢？

我的建议是：尽早打断对方，不给对方滔滔不绝讲下去的机会。"那个，我打断一下！"这样的打断是一个很好的信号，是在告诉对方：你太能聊了。即便对方讲话很快，你也可以有意加重自己的呼吸，或是制造片刻的沉默，打断对方滔滔不绝的个人演讲。你还可以通过举手、开口等方式提醒对方你有话想说。任何能打断对方思维、为自己争取说话机会的行为，你都可以试

一试。

4．采用负面响应法敷衍对方的谈话

负面响应法指的是用消极的态度对待谈话的方法。在谈话中，表现出心情郁闷或沉重，尽量使用不关心、不在乎的态度看待讨论中的问题，或仅关注问题的负面效果。比如，对方对某件物品大加赞赏时，你却列出它的不足，给对方泼一盆冷水。你的负面状态和表情很快就会被对方注意到，一般情况下，对方会结束谈话，或主动寻找借口离开。

5．用简短回答法应付对方的表达

简短回答法是结束谈话的有效方法，操作起来也很简单。无论对方问你什么、跟你说什么，你总是以最简短的语言回答，并且要注意，在回答过程中，尽量缩小正在讨论的问题的范围。回答时，不要做争议性的回答，仅仅用“同意”或“不同意”这样封闭性的答案。当你连续作了三次简短回答后，对方肯定就会明白你想结束谈话。

当然，以上几种表达结束谈话的暗示性回答，只对懂得察言观色的人起作用。在日常沟通中，如果碰到情商很低、心理麻木的交谈对象，那些暗示结束谈话的方法是不管用的，这时你唯一能做的就是直截了当地表明结束谈话之意，并简短地说明理由。

直接说明结束谈话的理由

在直截了当地说明结束谈话的理由方面，许多政客、企业管理者驾轻就熟。因为他们有自己的团队，当谈话进行不下去或跑题时，他们团队的人员就会走过来说："参议员先生，再不走就赶不上航班了。""经理，还有5分钟会议就要开始了。"听到这么明确的结束谈话的理由，谁还会继续谈下去呢？

对于我们这些寻常人来说，我们必须靠自己来说明结束谈话的理由。比如，在工作休息的间隙，同事找你打探八卦消息时，你应该直截了当地说明结束谈话的理由。八卦消息包括公司裁员、管理层变动、公司兼并或收购，甚至是公司某个职员的隐私。你可以这样回答他：

"没错，我知道的跟你知道的差不多，我的工作还没有做完，今天是最后一天。"

"我马上要交任务了，我得集中精力做事。"

你要记住一点：无论对方说什么，你最好都保持沉默。结果是"一个巴掌拍不响"，对方只好离开。

在沟通场合，当谈话告一段落时，正在进行的话题就已经到了该结束的时候了，如果你没有想和对方继续聊的话题，那不妨站起身来伸出手，说："很高兴和你聊天，我还有些工作要处理，要不我们改天再约？"对方听你这么说，若没有想和你继续聊的话题，自然会愉快地结束谈话。

1. "有事要办"是放之四海而皆准的结束谈话的理由

在日常交谈中，用于结束谈话的理由不外乎"我有事要办""我没有时

间”“有人在等我”。至于有什么事要办，那就另说。比如，对客户说：“现在已经四点半了，在下班前，我要回公司一趟，向领导汇报一下工作！”或者干脆不说具体要办什么事：“我希望你不介意，我有事要办，真的没有办法和你接着聊了，下次再见！”

确切地说，“我没有时间”和“有人在等我”都属于“有事要办”。因此，只要你掌握了“有事要办”这套结束谈话的理由，就可以确保你在任何沟通场合从容自如地脱身。

2. 依对方和你的关系来决定是否说出具体的理由

需要注意，是否说出具体的结束谈话的理由，要看对方和你是什么关系。对于不太熟悉的人，出于礼貌要结束交谈，在说明理由时，不过是类似于“我们聊得很愉快，一会儿我有事要办，有空我们再聊”“请您原谅，我现在得告辞了，有人在等我”这样笼统的理由。尽管这些话显得有些冠冕堂皇，但和你不熟悉的人一般不会介意。

对于熟悉的朋友或亲人，那就没有必要编造结束谈话的理由，因为人与人之间应该传达真诚的情谊。你可以坦率地说：“我还有工作要忙，现在没有时间聊天！”“我还是回去工作吧！”“我得挂电话了，有人在叫我！”

3. 说出结束谈话的理由时语气直接、态度明确

当你对别人说出结束谈话的理由时，语气一定要直截了当，态度要明确，切勿模棱两可、拖泥带水。不要对别人说：“我一边听你说一边做自己的事可以吗?”而要直接告诉对方：“我要做事了，做完事我找你！到时候我们再聊！”

（1）眼神正视对方，说话清楚利落，提高声音确保对方能听见，但要保持语调稳定，让对方知道你不是在编造理由，不是在敷衍。当然，即便你真的是在编造理由，也要编得像真的一样。

（2）用肯定的句式说出结束谈话的理由，不要说：“我现在有点忙，可能要忙很久！”而要说：“我现在有很多事情要做，没有时间聊天！”

打断他人的话以结束谈话

英国哲学家培根曾经说过："打断别人、乱插话的人，甚至比发言冗长者更令人生厌。"的确，打断别人的话是一种非常无礼的行为，任何人在说话时被打断，感觉都不会太好。但是，在某些特殊的情况下，打断他人的话是一种维护自尊和底线的策略，是一种自我保护的表现。

比如，对方言语咄咄逼人，屡次冒犯你，或是长时间占用你的时间闲聊，那你就有必要打断对方，以表明自己的立场和态度。我知道，即便这种情况真的发生了，对于很多善良的人来说，打断他人也是一项难以付诸的行动。

有一次，一位朋友打电话跟我诉苦："今天我碰到了一个'奇葩'客户，他约我出去谈生意，说对我们公司的产品很感兴趣。可是我们见面后，客户没有聊一句产品，而是跟我讲了一大堆男女情感的话题。我当时真的很想打断他，但又怕冒犯客户，搞得生意没办法做。"

是的，我这位朋友是位女性，她 30 多岁，长相和气质都很不错。客户可能是垂涎于她的相貌，想跟她发生点什么。这是对我朋友的极不尊重，触碰了她的底线。我对朋友说："以后如果你再遇到这种情况，要毫不留情地打断对方，然后以最快的速度结束谈话，不要给对方继续讲话的机会。"

朋友说："我也想打断他，可是我怕失去一个潜在的大客户。"

我对她说："打断客户是为了结束谈话，结束谈话并不等于结束可能的生意上的合作。所以，不要害怕得罪对方，因为是对方冒犯你在先。而且对方

长时间滔滔不绝地说话，是对你的极不尊重，而你的无作为只会让他变本加厉。”

朋友问我：“我该怎么打断对方呢？”

其实，打断他人的话很简单，你可以尝试以下几种办法：

1．掌握一般的打断对方的话术

在一段对话中，如果对方说话的时间明显拖得太长，他的话已经不再吸引你了，甚至令你昏昏欲睡。这时，你可以考虑打断对方，但要照顾对方的感受，避免给对方留下不愉快的感受。

（1）用不相关的话题打断别人说话。

同事向你滔滔不绝地讲八卦新闻，你可以打断他：“唉，你昨天做的策划方案交上去了吗？”这样就把同事的注意力转移到工作上来，让他刚才的话题自然中断。

（2）用无意义的评论打断别人说话。

客户跟你讲了一大堆生意难做、产品难选的话，你可以用一句无意义的评论打断他：“张先生，你的眼镜框真的很有质感，在哪里买的？”这样一来，客户的注意力就被转移了，刚才的话题自然就中断了。

（3）抢着替别人说话。

在交谈中，有时候为了打断他人讲话，你可以抢着发言。比如，当客户聊到产品售后的话题时，你可以趁对方说话的间隙，抢过别人的话头：“产品售后是一项非常重要的工作，我们企业一直重视提高售后服务水平，这么多年来，客户给了我们很多售后方面的好评！”在简短地说几句后，再将话题转移到你想谈论的方面：“你觉得我们的产品怎么样？”

以上三种话术，既可以用于打断别人的谈话，将话题切换到新的话题上，也可以作为结束一段谈话的策略。在打断别人后，你可以说：“今天就谈到这里吧，我还有工作要做，先告辞了！”“时间不早了，下次再聊吧！”这样结束谈话就不显得唐突。

2．告诉对方：“你的话超出了我们应该谈论的范围。”

当对方和你谈了不该谈的话题，或所谈的内容对你造成不尊重或伤害时，你可以用严肃的语气告诉他：“你的话超出了我们应该谈论的范围。”“你的话越界了！”“你的话不太好听，我不想听！”这是一种比较正式的、给人面子的打断术，能让对方意识到自己谈话的不妥之处，从而有所收敛。于是，你就可以继续说道：“今天的谈话就到这里吧，告辞！”

3．对对方说：“够了，我对这么伤人的话容忍度为零。”

相对于上一种打断的方法，这种打断术有点撕破脸面、呵斥的味道。在运用这种话术前，你可以运用上面的话术，如果上面的话术没有收到效果，对方依然放纵自己的言语，那你就可以厉声呵斥道：“够了，我对这么伤人的话容忍度为零。”说出这句话的同时，还应注意这样几点：

（1）打断对方后，应该直接告诉对方你不想再聊下去了。

（2）说这话的时候最好伴随着起身离开的姿态。表明这是真的离开，而非做样子。

（3）如果对方向你道歉，挽留你坐下来继续和你交谈，你最好拒绝他，拒绝的口气可以温和，也可以生气，具体看当时的情况而定。比如，“算了，不想聊了，有事下次再聊！”“请原谅，我要走了，今天没有心情聊天！”

（4）对方说：“我还有最后一句话！”你不要相信，不要逗留。你已经做了所有能做的，尽量和平地结束这次交谈。